中学生课外阅读精品丛书

转智慧文库

6

捕捉灵动的哲思

总策划／邢涛

主 编／龚勋

汕头大学出版社

● 让故事充实你的智慧锦囊

享受美好的阅读时光

只读了课本的人，不算是读书人；只有广泛涉猎文史哲著作，尤其是在文学世界里自由徜徉过的人，才算是一位读书人。而且那些爱阅读，并能够掌握写作技巧，能够用属于自己的文字构造精神世界的人，才是智慧的人！相信这套《智慧文库》会引领你走进精美的文学世界，会让你品味到阅读与写作的快乐！

—— 著名儿童文学评论家
儿童文学阅读专家、文艺学博士后 **谭旭东**

轻轻地，青春向我们走来了。于是，我们挥挥手，告别了稚气的童年，扬起风帆，踏上了青春的航程。在这段航程中，我们怀着满腔的好奇、激情和热情，开始认识纷繁的世界；我们怀着无限的理想、憧憬和抱负，开始体验美好的人生。青春的力量支持着我们乘风破浪、勇往直前；青春的豪气鼓舞着我们积极向上、不断进取；青春的益友激励着我们不断展现生命的精彩；青春的良师指引着我们稳步走出精彩的人生。

"中学生课外阅读精品丛书"是我们青春的良师和益友，能赐予我们青春的力量。我们从浩瀚文海中汰繁去芜、披沙拣金，选取古今中外名

前言

篇之精华，集时代感强、饱含真情、蕴涵哲理、触击心灵的经典美文于一体、优美真挚、青春灵动、高雅睿智。本系列共计六辑，每辑中有催人泪下的真情告白，也有启发心智的人生感悟；有激人奋进的声声凯歌，也不乏发人深省的点点哲思……可谓是熔人间万象于一炉的宝库，既有利于我们培养综合素质，又能让我们学习到丰富的课外知识。

捧一册"中学生课外阅读精品丛书"在手，随意翻开一页，享受静谧的阅读时光吧。在每篇文章中，你都能撷取到一朵智慧的浪花。文章的引言为我们提示全文的主旨；"作文技巧"是对文章写作技巧所作的提炼和点拨，有助于我们提高写作能力；"智慧心语"是对文章主题的延伸和拓展，启发我们感悟人生、思考人生。

愿这套丛书能帮你领悟人生的真谛，给你以智慧的启迪、美的向往。

目录

目录

| 第三章 | ～ |

走在成长的路上

目录

Chapter 1~24
聆听爱的故事

爱是阳光雨露，滋润我们干涸的心灵。

爱是温柔而又强大的力量，帮我们战胜一切困难和不幸。

爱也是宽容，也是责任，也是付出……

平凡人世间，总有那些爱的故事拨动我们的心弦，让我们泪流满面。那些爱或如涓涓细流默默无言，或如熊熊烈火轰轰烈烈，它们驱走寒冷，让整个世界都变得温暖。让我们一起来聆听这些爱的故事，一起来轻声吟唱爱的赞歌……

爱的礼服

朱蕾 [中国]

当岁月的痕迹慢慢爬上眼角，老的是年纪，而不是爱情。
年纪越老，越懂得爱的深沉，越明白什么是相濡以沫。

那年夏天，我在一间男士礼服店打工。

"叮咚"一声，挂在门上的风铃提醒我来顾客了。我折好书角，向门外看去。只见一位老先生推着轮椅走了进来，轮椅上坐着年纪和他相仿的老太太，两人都是那种很精神的北欧老人。老先生戴了一顶渔夫帽，帽子上还别了一根羽毛，有点老顽童调皮的味道。轮椅上的老太太满头的银发梳理得很整齐。

我迎了上去，笑盈盈地问："两位选礼服吗？"老先生捧着自己圆圆的啤酒肚说："小姑娘，你看什么礼服能装得下我这半个世纪的啤酒肚？"我扑哧一声笑开了，接着说："有，中号就行，大号的您这肚子还嫌小呢。"老先生爽朗地大笑起来，老太太在一旁打趣地说："那你再多喝点啤酒，就可以穿大号的了。"

我量好尺寸后，问道："您要参加哪种宴会？参加普通的婚礼西服就行；六点以前的宴会要用大礼服；六点以后最好用无尾半正式晚礼服；参加博士毕业典礼要燕尾服；商务宴会的礼服可以随意一些，用晚间便礼服。"

老先生把轮椅推到试衣镜旁，找了一个最好的角度让老太太看他试衣服。然后，他转身说："是葬礼，我太太的葬礼。"我立即收起笑容，神色凝重地说："对不起，对您失去太太我感到非常遗憾和难过。"他摆了摆手，一旁的老太太插嘴说："还没死呢，我就是他的太太。"我有些尴尬地"哦"了一声，不知道该说些什么。我还从来没有遇到过这样的情况。

我给两位老人各倒了一杯咖啡，老太太感激地接过了咖啡，把杯子放到嘴边。穿过杯子里袅袅升腾的热气，她注视着老先生，嘴边有些怜惜的笑意，说："这么多年，他就没自己买过合适的衣服。你跟他介绍了这么多种礼服，你问问他知不知道参加葬礼该穿哪一种。"

老先生眼瞟着四周，又喝着咖啡笑着说："我有最好的太太，这些从不用我操心。"我见气氛有些轻松了，手脚才自在起来。我转身去取一套中号的西服，听见老太太对老先生说："医生说最多还有几个月了，也该准备了。"我才明白了一大半。

老先生接过话头说："我看那个医生有点蠢，医生说的也不是都准。"这会儿，老太太倒笑了起来，说："不管怎样，买好了我才放心，我可不想在天堂看到你穿着渔夫野营装参加我的葬礼。你还会光着脚，因为找不着袜子！"我转过身，被老太太描绘的情景逗笑了。老先生有些不好意思地笑着。我惊讶于老人对于离世的平静和坦然。老太太对我说："就要黑色的西服配上白色的衬衣，再加上黑色的领带。"我的心里赞同地想，老太太配的是标准的葬礼服。我配好衣服递给老先生，让他去更衣室试试。

见他拿着衣服进了，老太太对我说："我都七十多岁了，早晚要去天堂的。我就想把平常做的都给他安排好，怕到时候他一个人不习惯。"我心里一阵难过，鼻子酸酸的。

老先生穿好衣服走出来，老太太笑着示意让她来系领带。老先生弯下腰，俯身在轮椅上，老太太有些颤抖但熟练地打好了领带。我走到一边，好让他们不受干扰，多一些私人空间。

镜子里的老先生庄严肃穆，他握着老太太的手，征求着她的意见。老太太说："挺好的，我喜欢。这西服倒让我想起我们结婚的礼服来。我们结婚时你系的是银色的领带，也是我选的。"老先生挺直了腰板，看了看镜子里的自己，又看了看镜子边的妻子，俯身抚着老太太的手，动情地说："我希望这套礼服永远派不上用场！"

付过钱后，老太太向我致谢："上帝保佑你，我的孩子。"铃声中老先生推着老太太出了门。我看着他们的背影伴着轻声细雨渐行渐远，心中不可抑制地涌起对这老年伴侣的关爱。老了的只是年纪，不是爱情。

许多短小的片段接起了整个人生。可是很多的时候，我们不懂得珍惜，认为所有的东西都是理所当然的，总是要到再没机会的时候才猛然惊醒。有人说"幸福被彻悟时，总是太晚而不堪温习了"，请在还不算太晚的时候，珍惜你的每一分钟。

作文技巧▶

细节刻画，足显真情　一次不寻常的购物，引出一对老夫妻之间深沉的爱恋。他们的爱在选取一件礼服时，在妻子伸手给丈夫系一次领带的瞬间弥散开来。

智慧心语▶

当至爱的亲人即将离世时，与其把心沉进悲伤的深渊，不如给对方一个明媚的笑脸，陪他（她）好好度过余下的日子，在有限的时间里，为对方做好每一件事。而当至爱的亲人还在身边时，一定要懂得珍惜，不要等太晚的时候才想到后悔。

半支铅笔的温暖

周华诚 [中国]

也许你不经意的一个举动，会伤害一颗寂寞的心灵。
也许你不经意的一点关爱，会温暖别人的一生。

一次，看一个港台的娱乐节目，心竟被悄然打动。

那节目是说一个女孩，想找一个曾在十多年前暗恋的男孩，想看看现在的他还好吗。

在节目现场，男孩终于出现。尽管早有心理准备，但她还是在望着那成熟许多的男子问好时落泪了。她叫高慧君，他叫翁廷楷。他们借着彼此的叙述把记忆回溯到青葱年少时光。

她说，那时候自己家境不好，文具不够用，有一回，他拿自己用的半支铅笔送给了她。便是这半支铅笔，让她感动至今。他很惊异。他不知道自己一个小小的行为，会在她心上留下如此深刻的印痕，任十数年光阴也磨损不去。

她说，那时候，"翁廷楷"这三字，对她便是一种温暖，这个名字陪她走过一个又一个寒冷冬季。他说，在他眼中，她是个文静内向的女生，当初他的关心也许出自他的自然本性，甚至他根本无法知道自己不经意的关爱举动，能给一个柔弱女子如此之久的温暖！

他甚至有些惶恐。他说，现在他很是担心，不知道他是不是也曾有不经意的举动，在她心中产生莫大的伤害……这句话令我大为感动。真的，对于爱着的人，一切喜恶都是放大的，对方小小的关爱，便是快乐的狂喜，而小小的伤害，也便是惊涛骇浪了。

如今他已结婚。翁夫人来到现场，听着这"半支铅笔"的故事，也感动不已，她说了一句话："送人玫瑰，手有余香……"

是啊，也许你不经意时的一个关爱，足以温暖别人的一生。

作文技巧

以小见大是本文的写作成功之处 一支小小的铅笔，却让一个女孩感怀十几年，温暖十几年。在这支铅笔身上，我们可以看到关爱他人的力量。

智慧心语

在生活中，我们不仅需要家人的关爱，还需要师长的关爱、朋友的关爱，甚至陌生人的关爱。有了彼此的关爱，才会有心的温暖。不要吝啬一句温暖的话语，不要吝啬一个温柔的眼神，因为关爱了别人，也同时关爱了自己。让爱永远住在我们心里。

不当差的天使走了

徐佩 [中国]

每一位父亲或母亲都是孩子的天使。
如果其中一位天使飞走了，那是因为他（她）不在这里当差了，
要飞到一个需要他（她）帮助的地方。

妈妈最后离开的那个晚上，她和爸爸整整坐了一夜，也说了一夜的话，但我只记住一句："你走吧，由我来向佩佩解释。"

这句话是爸爸说的，所以我知道要走的是妈妈。

妈妈离去后好几天里，我天天都在等爸爸的解释，但他似乎是把此事忘了。他只是一如既往地接送我上学，给我在学前班的家长手册上认真填写我又学会了的新字、又听到的故事，这些在许多同学都是由妈妈来做的事情，在我家里一直都是由父亲来做。但每当奶奶叹气说妈妈"心早就不在啦"时，爸爸就会用眼睛制止奶奶。

等妈妈的人和心一同不在了将近一个星期后的一天晚上，爸爸合起我读的故事书，说："你听过很多天使的故事。天使飞到一个地方，发现那里有人冷了，有人饿了，她就会留下来当差。如果一切都很好的话，不当差的天使就会放心地飞走，继续去找需要她帮助的人。世界上的爸爸妈妈就是天使，是专门飞来照顾孩子，陪孩子一同好好长大的。咱们家里，有爸爸一个人就能照顾好佩佩，所以妈妈才放心把佩佩留给爸爸，去了一个很远的地方，就像不当差的天使一样……"

这是我一生中听到过的父母在孩子面前对"离婚"做出的最美、最好、最阳光灿烂的解释。

作文技巧

巧妙的比喻是本文最动人之处 "不当差的天使走了"，多么美好的一句话。这位父亲不仅告诉孩子自己是守护她的天使，还告诉她离家的母亲仍然是天使。

智慧心语

父母离异，难免会对孩子造成伤害，而文中的父亲却最大程度地保护了自己的女儿。当生活发生变故，不要怨天尤人，不要推卸责任，而需更加细心去保护需要你保护的人。因为你的坚强、你的温暖，是他生活下去的一种力量。因为，你是他的天使。

沉睡的大拇指

威尔逊

有一种谎言，不是欺骗，而是关爱。

有一种谎言，不是错误，而是亲情。

有时，孩子需要在某一种谎言里建立自信，懂得人生的某一种爱。

从盖尔出生的那天起，他的爸爸妈妈就开始为他担心了，因为盖尔左手的小拇指旁边长了根小小的第六指。

转眼间，盖尔已经三岁，父母把他送进了幼儿园。可上幼儿园的第一天，他回家后便眼泪汪汪地问爸妈和爷爷："为什么我比其他小朋友多了一根指头？迪克说我是怪物。"大家都沉默了。是啊，随着年龄的增长，盖尔的第六根指头也长大了许多，看上去有点碍眼。

此时此刻，爷爷陷入了沉思，盖尔是那样的聪明可爱、乖巧伶俐，他的伤心和自卑令爷爷感到不安。突然，他的目光掠过钢琴架上的雕塑。那是一尊泥塑手雕，大拇指用力地压在掌心里。爷爷像发现珍宝似的，会心一笑，把盖尔抱放在自己的膝盖上。

"宝贝，你看爷爷右手的大拇指，它是个小懒虫，从你出生的那天起，它就开始睡觉了，到现在都不肯起来。"爷爷边说边伸出右手，把大拇指蜷在掌心，然后让掌心朝上，与盖尔的左手合在一起的时候，正好十个手指，不多也不少。

"我知道了，您的大指拇偷懒不听话，所以，我就替您长了一根手指，是这样的吗，爷爷？"天真的盖尔开心地笑了，充满了自豪。

小小的他觉得，这第六根手指担负着重大的责任，它是来帮助爷爷的。

爷爷迅速把这件事告诉了家人和朋友，还请盖尔的老师在班上告诉其他小朋友，盖尔帮爷爷长了一根大拇指。小朋友们非但不再嘲笑盖尔了，还佩服盖尔小小年纪就能帮助大人。

自从和盖尔说过沉睡的大拇指的事后，只要见到盖尔，爷爷右手的大拇指就会条件反射地蜷进掌心。时间稍长一些，这根大拇指就麻麻地疼，得用左手帮忙才能慢慢地舒展开。

久而久之，爷爷习惯成自然，时刻把右手大拇指蜷起来，也习惯了用四根指头吃饭、做事。不熟悉的人还真以为爷爷的手原本就是那样的。而盖尔呢，自从听了爷爷的故事后，便对第六指特别关心爱护，冬天的时候，还特意涂上一层厚厚的防裂霜，他觉得这是爱爷爷的一种表现。

一次，当爸爸妈妈把盖尔带到医院说可以切除第六指时，盖尔大声抗议："这是我帮爷爷长的手指，怎么可以切除呢？除非爷爷的大拇指睡醒起来了。"可是，爷爷的大拇指五年来一直习惯蜷曲在掌心里，它已经变形萎缩，完全失去最初的力度，重新扳直已不可能。即便如此，爷爷却非常满足，因为它使盖尔度过了幸福快乐的童年。

当爷爷知道盖尔拒绝切除第六指的原因后，一股暖流涌上心头。他找来纱布，把大拇指裹住，然后告诉盖尔，他已经动了手术，手指马上就可以伸直了，盖尔的第六指已经完成了历史使命。盖尔听话地随父母去了医院，手术很成功，而爷爷的大拇指虽然用纱布缠了很久，但始终无法伸展。

爷爷去世后，父母将大拇指的真相告诉了盖尔。那一刻，盖尔受到了前所未有的震撼，因为沉睡的大拇指不但给了他完整的人生，还真真切切地告诉他什么叫亲情。

作文技巧

结构紧凑，紧绕"手指"传递亲情　爱是一种沉默，爱也是一种改变。从小孙子盖尔的第六只小指引出故事，到爷爷的大拇指永远"沉睡"，这种变化正体现了爷爷对盖尔的深深的爱。

智慧心语

> 亲情就像日常饮用的水，天天喝几乎忘却了它的存在。直到某一天，才蓦然发现，原来从我们出生到我们长大，它一直呵护着我们的生命，一直滋润着我们过了那么多年。亲情也需要懂得，亲情也需要感激，让我们在享受亲情的同时，也给亲情一种回应吧。

分一些蚊子进来

刘强 [中国]

母亲说她不饿，那是她想把吃的留给孩子。
母亲说她不累，那是她想为孩子再多做一些事情。

那年夏天很热，蚊虫猖獗。从遥远的外地赶回家的第一晚，我在父母的卧室里铺了一张床，打算像小时候一样，听着父亲的鼾声入梦。在浓得化不开的亲情中，我们聊到深夜。后来母亲说睡吧，剩下的话明天再说，便用蒲扇驱赶蚊虫，放下了他们的蚊帐。我也倒下便睡，心里满是回到家里的自由与舒泰。

原以为这一觉足可高枕无忧，我的脚边点着蚊香，不远处还有一台早已开始工作的电风扇，不料夜半还是被蚊子叮得发毛。半睡半醒之间，脸上、身上被人打得噼啪有声，睁眼一看，那只不讲道理的手竟是自己的！

辗转反侧中，灯忽然亮了。我迷迷糊糊地看见母亲从床上爬起来，动作很轻地撩起蚊帐，用两端的帐钩挂起来，恢复了白天的样子！正纳闷时，听见父亲疲倦又有些恼怒地问："你这是干什么？"

"你没听见蚊子正咬孩子吗？"母亲压低声儿，语调里竟然有几分兴奋，"咱们把帐子打开，分几只蚊子进来，这样孩子可以少受些罪……"

灯，紧接着就关掉了。同黑夜一起恢复的还有沉寂。蚊子在那一刻之后，仿佛都被母亲"迎"进了帐中，而我的睡意，也仿佛被冷水浸泡了一下，打个激灵。"分一些蚊子进来！"我反复咀嚼着这句话，双目仿佛被强光所刺而发疼，未几，左眼的泪流到右眼，右眼的泪砸在枕上……我在心里叫着："妈妈！"

世界上，一切债务都可以还清，除了我们欠母亲的情！

▶ 作文技巧

借助"蚊子"这个道具写出母爱的深沉与伟大 让蚊子进来咬自己，少咬儿子，这就是母亲的想法，这就是母爱的表达。"分一些蚊子进来"，这一句朴实的话也足以让天下的儿子心灵震撼。

▶ 智慧心语

儿子永远是母亲的心肝宝贝，尽管他已经成年，母亲还是会像他小时候一样疼他、爱他。我们曾几何时，依恋在母亲的怀抱；又曾几何时，远离了母亲的怀抱。已经长大的我们，是时候想一想，也该为母亲"分一些蚊子"了。

感恩

文玉芳 [中国]

生活需要一颗感恩的心，感谢阳光给我们带来一天
明媚的生活，感谢妈妈为我们做了一顿早餐，感谢老师
给我们上了一堂生动的课……常怀感恩，你的心也会变得美丽。

一直以来，"感恩"在我心中是"感谢恩人"的概念。"恩人"
者，乃于己有大恩大德者。而在美国的一次偶遇却让我悟出了感恩的
另一层意味。

那是在洛杉矶的一家旅馆。早晨，我在大堂的餐厅里就餐时，发
现自己的右前方有三个黑人孩子在餐桌上埋头写着什么。在就餐的时
间、就餐的地方，这三个孩子却没做与吃饭有关的事。我难以按捺心
中的好奇，试探着走了过去。

在这些孩子的应允下，我坐在了他们旁边。看到我这样一个肤色
不同的外国人到来，他们没有一丝扭捏，而是落落大方地和我谈了起
来。这三个孩子中一个约莫十二三岁戴眼镜的男孩是老大，女孩八九
岁是老二，另外一个小男孩五六岁是老三。从谈话中我了解到他们
和母亲是暂时住在这家酒店里的，因为他们正在搬家，新房还未安
顿好。

当问他们在做什么时，老大回答说正在写感谢信。他一副理所当
然的神情让我满脸疑惑。这三个小孩一大早起来写感谢信？我愣了一
阵后追问道："写给谁的？"

"给妈妈。"

我心中的疑团一个未解一个又生。"为什么？"我又问道。

"我们每天都写，这是我们每日必做的功课。"孩子回答道。

哪有每天都写感谢信的？真是不可思议！我凑过去看了一眼他们每人手下的那沓纸。老大在纸上写了八九行字，妹妹写了五六行，小弟弟只写了两三行。再细看其中的内容，却是诸如"路边的野花开得真漂亮"、"昨天吃的比萨饼很香"、"昨天妈妈给我讲了一个很有意思的故事"之类的简单语句。

我心头一震。原来他们写给妈妈的感谢信不是专门感谢妈妈给他们帮了多大的忙，而是记录下他们幼小心灵中感觉很幸福的一点一滴。他们还不知道什么叫大恩大德，只知道对于每一件美好的事物都应心存感激。他们感谢母亲辛勤的工作，感谢同伴热心的帮助，感谢兄弟姐妹之间的相互理解……他们对许多我们认为是理所当然的事都怀有一颗"感恩的心"。

其实，"感恩"不一定要感谢大恩大德，"感恩"可以是一种生活态度，一种善于发现美并欣赏美的道德情操。人生在世，不如意事十有八九。如果我们囿于这种"不如意"之中，终日惴惴不安，那生活就会索然无趣。相反，如果我们像这些孩子一样，拥有一颗"感恩"的心，善于发现事物的美好，感受平凡中的美丽，那我们就会以坦荡的心境、开阔的胸怀来应对生活中的酸甜苦辣，让原本平淡的生活焕发出迷人的光彩！

作文技巧

大题小做是文章吸引人的精彩之处　作者没有写惊天动地的感恩故事，而是从几个孩子写感谢信入手，写一件小事，并让人们明白，感恩也是一种习惯。

　　感恩的心实际上应该是一颗平常惯有的心，我们除了要对大恩大德感恩，也要学会对日常生活中的每一件小事感恩。没有什么事是理所应当的，只要别人给了我们帮助，给了我们智慧，我们就需要感恩。学会感恩，我们才能发现生活中许多常被忽略的美丽。

"公狐"的责任

朴朴［中国］

爱是一种责任，它的最高境界，是不遗余力地保护所爱的人，
哪怕是牺牲自己的一条腿甚至整个生命。

　　17岁的少年卡特尔这天提着镰刀到古河道去砍柴，在一棵枯倒的大树前，卡特尔闻到了一股狐骚臭。他用柴刀拨开蒿草，突然，一只狐狸从树根下的草丛里蹿出来逃走了——红白相间的大尾巴，眉眼间有块蝴蝶状白斑，矫健而美丽。

　　在离卡特尔50多米远的地方，高速奔跑着的公狐狸突然像被藤蔓绊住了脚一样，重重跌了一跤，在地上一连打了好几个滚儿才停下来。它面朝着卡特尔狐嘴歪咧，"嘶嘶"地抽着冷气，好像腰疼得受不了，它做出起身想逃的样子，可刚走了一步便大声哀号起来，看来后腿也摔坏了，东倒西歪站立不稳，将受伤的那条后腿高高抬起，在原地转着圈。那模样，仿佛只要卡特尔提着柴刀走过去，很容易就能剁下它的脑袋。

　　卡特尔曾跟着爱好打猎的叔叔和狡猾的狐狸有过几次较量，所以他一眼就看穿它是在演戏，要引诱他前去捉它，只要卡特尔一走近，它立刻就会腰也不疼了，腿也不瘸了，跑得比兔子还快。环顾四周，卡特尔发现，在距离他不远的地方有一个树洞，这只狐狸的用意很明显，想让他离开这里。这洞肯定就是狐狸的巢穴，母狐狸十有八九还呆在洞里头，只要这只公狐狸把卡特尔骗过去，母狐狸就可以从容逃走。卡特尔想："没准，里面还有小狐狸呢，我偏不去追你，让你眼睁睁地看着自己的骗术流产。"

　　卡特尔冷笑着，不再理睬公狐狸，举起雪亮的柴刀，守候在洞口，只要母狐狸一伸出脑袋，他就会眼疾手快地一刀砍下去，来他个斩首示众，卡特尔心里想着。身后的公狐狸瘸得越发厉害，叫声也越发悲哀，嘴里吐出一团团白沫，歪歪扭扭地朝他所在的地方靠近了好几米。

　　过了一会儿，公狐狸明白它拙劣的骗术骗不了卡特尔，就把那只吊起来的后腿放了下来，蹲在地上怔怔地望着他，目光悲哀，显得忧心如焚。

　　突然，它声嘶力竭地叫了一声，纵身一跃，朝一棵小树全力撞去。一声沉闷的响声过后，它的头部撞在树干上，一只耳朵豁开了，长脸从眼皮到下巴被粗糙的树皮擦得血肉模糊。忽然间，卡特尔看见它在做一个非常奇怪的动作：它低下头，一口咬住自己的前腿弯，猛烈地抖动身体，眨眼间从前腿内侧和胸脯上撕开一块巴掌大的皮，殷红的血从伤口流出来，把那块皮浸染得赤红，被撕开的毛皮像一面迎风招展的小红旗，看上去既可怕又滑稽。

　　卡特尔的视线被公狐狸疯狂的行为吸引住，忽视了树洞，只听见"嗖"的一声，一条红色的身影趁他不备从树洞里蹿了出来，卡特尔慌乱中一刀砍下去，却砍了个空。抬头望去，果然是一只肥硕的母狐狸，它的嘴里还叼着一只粉红色的小狐狸，正急急忙忙向土丘背后的灌木丛奔跑。树洞里一定藏着一窝小狐狸！为了证实这个猜想，卡特尔趴在地上，将耳朵伸到洞口边仔细地听，里头果然有"吱吱呀呀"的吵闹声。他虽猜不出树洞里究竟有几只小狐狸，但他知道，狐狸一胎通常生四五只，最多可生七只！

意想不到的事情突然发生了，就在卡特尔将耳朵贴近树洞口时，公狐狸大声嚎叫起来，它拼命蹦跳着，不断地用爪子撕脸上和胸脯的伤口，弄得满身都是血，连眉眼间那块白斑都给染红了，那张脸可怕极了。他明白，公狐狸是要把他的注意力吸引到它身上去。卡特尔突然觉得心里不好受，就离开树洞口站了起来，公狐狸这才稍稍安静了些。

这时，土丘背后的灌木丛里，传来母狐狸的叫声，叫声尖利高亢，沉郁有力，含有某种命令的意味。卡特尔看见，公狐狸支棱起耳朵，凝神听着。它目光沉重，庄严地望望天上的白云和太阳，突然，它举起一只前腿，将膝盖塞进自己的嘴里，用力咬下去，十几米开外的卡特尔清晰地听到骨头被牙齿咬碎的声音……听得他浑身起鸡皮疙瘩。

不一会儿，那条前腿便被咬断了，但皮肉还相连着，半截小脚在空中晃荡。片刻，公狐狸再次叼住那截已经折断了的小腿，用力撕扯，最终像拆零件似的把它拆了下来，血喷射出来，把它面前的一片青草都洇湿了。

它用一种渴望和恳求的眼光望着卡特尔，一瘸一拐地走，似乎在跟他说："瞧，我真的受了重伤，我真的逃不快了，我真的很容易就会被你捉住的，快来追我吧！"

卡特尔心里很明白，公狐狸现在所做的一切，从本质上讲仍然是一种骗术。它用残忍的自残方式骗他离开树洞，好让母狐狸一只一只把小狐狸转移到安全的灌木丛去。虽然心知肚明，卡特尔还是觉得面前的树洞变得像一口滚烫的油锅一样，煎熬着他的心，使他一秒钟也待不下去了。似乎有一股强大的力量在推着卡特尔，让他不得不举步向公狐狸追去。

公狐狸步履踉跄，一路逃一路滴着血，逃得十分狼狈。好几次，卡特尔都可以一刀腰斩了它，可他每次刀刃快碰到狐背时，他的手腕总是不由自主地朝旁边歪斜，让刀砍在草地上。而此时此刻，卡特尔不用看也知道，母狐狸正在紧张地转移它们的小宝贝……

又过了一会儿，传来母狐狸悠悠的叫声，声调平缓，就如一支报平安的曲子。公狐狸脸上露出了欣慰的表情，它调整了一下姿势，似乎要结束这场引诱卡特尔追击的游戏。可是，它只做了个要蹿跳的样子，就突然栽倒在地，再也没能爬起来。它因为血流得太多，死了。

作文技巧

精彩的细节描写扣人心弦 公狐狸为使自己的"骗术"成功，不惜撞破脸、撕破毛皮乃至咬断自己的腿，这些细节的刻画，无不敲击着读者的心扉，一下重似一下。

智慧心语

爱与责任存在于万千生灵之间。当一个生命个体作为一个承担着某种责任的角色而存在，并为履行他（它）的责任而竭尽全力时，不管他（它）是为保护家人，还是引诱敌人，也不管他（它）是一个人，还是一只小小的狐，他（它）的行为都同样让人敬畏。

捐一个微笑

蔡成 [中国]

童心的美丽，在于它的纯真无邪；
童心的美丽，还在于它也懂得什么是给予。

队伍很长。站在我前面的是母女俩，母亲牵着女儿的手，女儿仰起小脑袋奶声奶气地背着唐诗，背完一首，就向母亲讨表扬。年轻的母亲不吝啬，反复竖大拇指，鼓励女儿再接再厉。

捐款台上的"设施"很简陋。一张桌子上摆了个用红纸包裹着的募捐箱，纸上有字："向地中海贫血儿童献爱心。"站在我前面的年轻母亲捐完了款准备走，守在募捐箱旁的一个中学生模样的姑娘似乎被可爱的还在背唐诗的小女孩吸引住了，拉住她的手，逗她："小妹妹，妈妈给患病的哥哥姐姐捐钱了，你捐点什么呀？"

小女孩不做声，抬头看看她妈妈，又看看弯腰跟她说话的姐姐，手在口袋里掏了几下，什么也没掏出，嘴一撇，竟哭起来。原本只想逗逗孩子的姑娘慌了神，脸涨得通红。显然，她自己也只是个大孩子，面对意外，乱了方寸。她唯有尴尬地站着，满脸歉意地看着小女孩的母亲。

年轻的妈妈却没慌，边给孩子擦眼泪边说："洋，你给姐姐笑一个，你说你就捐一个甜甜的笑给患病的哥哥姐姐。"

小女孩真的立刻笑了，泪水还挂在她眼角，她还在抽泣着，那笑也就显得很别扭，别扭得让旁边的我，也差点忍不住笑出声来。

母女俩已经朝前走去，我往募捐箱放着钞票，目光还在追随她俩。那个漂亮的小女孩又回过头来，一次，两次，三次，每一次脸上都带着甜甜的笑。我数得一清二楚，她一共捐了六个天使一般的笑。

●作文技巧 ▶

捕捉美丽的瞬间，拍下感人的画面 小女孩在哭着的时候笑了，这一瞬间的别扭，这一瞬间的美丽，被作者捕捉下来，所以整篇文章便生动起来。

●智慧心语 ▶

生活中常有一些小事让我们感动，也许那仅仅是一个微笑，但却能在我们心灵深处激起阵阵涟漪。因为这些小事虽然看起来平凡简单，但都闪耀着人性最美的光辉。而我们能为之感动，证明我们的心里也充满了爱。学着感动，我们能发现更多的爱，也能学着付出一些爱。

两个人的天堂

蔡成 [中国]

有的人身处天堂，心却如地狱；有的人身处地狱，心却如天堂。
心里载着对天堂的追求，苦难也会成为你走向天堂的阶梯。

何必不敢相信自己的眼睛。作为实习记者，何必曾经接触过的新闻和图片，似乎全在述说着一个同样的主题：广东富得流油。可眼前这幢低矮的土砖瓦屋，破旧的门窗，空荡荡的家，却在无言地讲述着另外的故事。

何必脚下踏着的土地属于阳西县，是广东省阳江市所辖。

何必在昏暗的屋子里走了几个来回，看着眼前的一切：一辆破损待修的人力三轮车蹲在屋角，破铜烂铁和废纸张、残器具随处可见，一个小女孩在低头忙着将各种各样的垃圾分门别类捡好，码整齐，墙壁上贴满奖状。

正是墙上那些密密麻麻的奖状引起了何必的注意。每一张奖状，无一例外，全写着两个名字：程思爱、程思晴。似乎，每次表彰都是两个人同时获得的。但注意一看，就能发现并非如此。一张张奖状上，最初只有一个名字，另一个名字字迹歪歪斜斜，分明是后来添上去的。

小女孩发现何必在打量奖状，主动说话了："我叫程思晴，我姐姐叫程思爱。"

何必问："你姐姐呢？"

思晴说："我姐姐去学校读书去了。"

何必找了个小板凳，坐下："思晴，你的爸爸妈妈呢？你干吗不去上学？"

思晴的脸瞬间烧红了，她低下头，将脑袋埋进两膝："我爸爸坐牢去了，我妈妈捡垃圾去了。我明天才去上学，今天该姐姐上学。"

在皇城根下出生长大的何必，当场就将嘴惊成了一个圆圈："你们两姐妹轮流去读书？"

比蚊子唱歌还压抑的声音从小女孩两个膝盖间传出："嗯。"

何必很快信服了。程家的现状摆在眼前：男主人吸毒，也贩毒，被判了12年，正在监狱服刑。没有工作的女主人只好去拾荒货捡破烂。只是，拾荒卖破烂的收入，仅够维持全家日常生活，供养子女读书则无异于奢望。这样一来，思爱和思晴这对10岁的双胞胎姐妹便想出一条奇特的"妙计"，就是姐妹俩轮流去学校读同一班级。

何必沉默了半晌，带着不安问："学校老师和同学们知道你们是两姐妹轮流读书吗？"

思晴的脸越发红了："起始不知道，后来知道了……老师没骂我们，有时还给我们补课，还送笔和新本子给我们。同学们也不嘲笑我们，还把旧书包、旧文具盒送给我们……"墙壁上，果真挂着几个半新的书包。

何必愈听愈清楚了，这对姐妹每天只有一个人去学校读书，另一个要么陪妈妈去拾荒，要么待在家里整理废品。到晚上，"负责"去学校读书的那个，就当"老师"，将当天学来的知识"教"给另一个。至于考试，赶上谁去学校，谁就当考生……

思晴的话越说越多，兴致也越来越高，到后来，她干脆站起来，指着那些密密麻麻的奖状骄傲地说："叔叔，你看，我和姐姐老考第一。"思晴更自豪地宣布："我和姐姐都是班上的班干部。同一个学习委员，我和姐姐轮着当，同学们常把我俩当小老师，有不懂的就问我们……"

何必望着思晴那张沾着黑色泥渍却无比明媚的小脸，心里说不上该欣慰还是沉重。那是一种前所未有的怪怪的感觉。何必的手上握着笔，腿上摊着采访本，却始终没有一个字，没一个字落在纸上。思晴的一言一语以及何必亲眼所看到的一切，通通钻进何必脑子里去了，钻得很深很深。

何必掏出200元钱，说："思晴，这是给你和姐姐好好学习天天向上的奖励，你们要再接再厉，叔叔还会来看你们……"思晴没推脱，收下了，却又拦住何必的去路，满脸期待地问："叔叔，你是记者，记者也是作家吗？"

何必奇怪地看着思晴的大眼睛。

思晴说："我和姐姐也想当作家，我和姐姐要写童话书，我们已经写了4000多字了……"

生活在如此残酷的环境里，却在书写美丽的童话，可何必并没觉得讶异。他问："童话书的名字叫什么？你们准备写什么内容呢？"

思晴说："书名叫'天堂里的笑声'，我和姐姐都喜欢这名字。我们要写许多人在天堂里的幸福生活……"

何必脱口就问："你们眼中的天堂是什么样子？"

思晴的眼睛亮晶晶的，闪烁的光彩都快溢出了，她高兴地说："天堂呀，就是那里的人从不吸毒，也没有毒品吸；那里的人不用捡破烂，也没有破烂捡；天堂里的人天天欢笑，天天唱歌；天堂里的每一个孩子都有爸爸妈妈陪在身边，每个孩子天天都能够高高兴兴去上学……"

实在忍不住了，何必走出一段路，背靠一棵树，坐下，哭了。

作文技巧

反常法引入故事 一张奖状，却写着两个名字，这不得不引起人们的注意。故事就此展开，姐妹俩的天堂梦也徐徐呈现在读者面前，读之催人泪下。

智慧心语

我们常常忽略了身边已经拥有的东西，而去追求得不到的东西，以为那得不到的就是天堂。可是我们不知道，在我们活着的时候，有多少人在与死亡抗争；在我们吃饱穿暖的时候，有多少人在与饥饿苦难抗争；在我们有书读的时候，有多少人在为上学抗争……其实，我们真的就在天堂里。

零下二十度的爱情

叶枫 [中国]

平凡生活中的爱情，没有了花前月下的浪漫，
只有一片共同守护的温暖。这一种爱情，就叫互相取暖。

那是个冬夜，我值班。凌晨一点时，我接到内科的紧急会议通知，安排好工作，一拉开门，一股像刀子一样的寒气一直刺到心底里去。屋子里有暖气，还不觉得天冷，没想到外面的气温竟然这么低。

我走下楼梯，快到一楼时，隐约传来说话的声音，像梦呓一般："你冷不冷？""不冷，你呢？""我也不冷。"走到一楼的门厅时，我看到了说话的人，一对中年夫妇，紧紧地并排缩在一个墙角，他们的腿上拥着一条被子。我快步从他们身边走过，可能是带过了一阵冷风，他们同时打了个寒噤。半个小时后，我从内科回来，走过他们身边，他们还在说着话："回去给娃们多添件衣服。""嗯，你也添一件吧。""算了，我不要了，看病花了不少钱哩。""你看你，都说的是啥话，看病是看病，穿衣是穿衣……"

我在他们断断续续的对话声中回到科室，我走到护士值班室，想问问有没有什么事，正看到护士从厚重的窗帘后面出来，她手里拿着一个东西，一见我脸就红了，调皮地说："天气预报说今天最低温度是零下二十摄氏度，是本市有史料记载的最低温度，我刚才专门在窗外测了一下，真的呢！"她让我看温度计，刻度从零下二十摄氏度缓慢地上升，那银色的汞柱像血一样涌动。我心里一动，问她："还有

没有空床了？"她扫了一眼病床分布表，说："还有。"我说："我去查查房，麻烦你到楼下的门厅去把那一对中年夫妇叫上来——这么低的温度，他们在那里只怕会出事。"

她下去后没多久就又上来了，很紧张地说："不好了，鲁医生，他们都站不起来了！"我吃了一惊，赶忙赶下楼去。那对中年夫妇都是盘腿坐着，果然都站不起来了。我叫来了保卫科的人，把他们抬上了楼。我知道这都是因为长时间坐着，加上天气寒冷导致的肢体麻木。

我一边给他们做治疗一边问他们的情况：原来他们是今天早上出院，可为了等一份检查报告，耽误了回家的时间，又舍不得花钱住旅馆，就想在那门厅里凑合一夜的。护士埋怨他们说："你们不知道吧，再这样坐下去，不到明天早上，你们的腿都要废了！"那男人不好意思地说："是是是，我也感到腿麻了，想动动，可又怕把被窝弄凉了。"那女人也说："是呀，我的腿也麻了，也忍着没动。"

这朴实无华的话使我的心一阵怵动：他们忍受着巨大的痛苦，只为了维护共同的那一点点温暖啊！

作文技巧

侧面烘托，感人肺腑 文章开篇就写气温很低，寒气像刀子一样钻进人的心里。而在这如此冷的天气里，更让人心灵震撼的是这对夫妻相互取暖的平凡真情。

智慧心语

平凡的爱情淡淡如水，但却让人回味无穷，感怀入深。其实，生活中的很多情感都是如此，包括父母子女之间的爱，兄弟姐妹之间的爱，同学朋友之间的爱，邻里乡亲之间的爱……如果你习以为常，它们就平平淡淡；如果你善于发现，懂得珍惜，它们就光彩照人。

Chapter 25～58

②让美德照亮人生

　　诚实、善良、宽容、谦虚、忍让、尊重他人……这些都是每个人应具备的美德。美德好比生命的框架，有了这些框架的支撑，人生才能亮丽多彩。很多时候，因为美德的缺失，生活出现滑稽可笑，甚至丑陋可鄙；很多时候，因为美德的存在，生活出现许多感动，许多美丽。美德是人类不可缺失的灵魂，让美德永驻我们心间，让美德照亮我们的人生。

智慧文库

○ 第6辑／捕捉灵动的哲思

诚实无价

李智红 [中国]

有的人失败，不是因为他缺少能力，而是因为他缺少诚实。
有的人成功，不是因为他才能优秀，而是因为他人品优秀。

在深圳的职场上，流传着这样一个故事。

说是有一位求职者到一家公司去应聘，由于各方面的条件都不错，他很快便从众多的应聘者中脱颖而出。面试的最后一关，由公司的总裁亲自主持。

当这位求职者刚一跨进总裁的办公室，总裁便惊喜地站起来，紧紧握住他的手说："世界真太小了，真没想到会在这儿碰到你，上次在东湖游玩时，我的女儿不慎掉进湖中，多亏你奋不顾身地跳下水去将她救起。我当时由于忙乱，忘记询问你的名字了，你快说，你叫什么？"

这位求职者被弄糊涂了，但他很快便想到可能是总裁认错人了。于是，他平静地说："总裁先生，我从来没有在东湖救过人，您一定是认错人了吧。"

总裁却说："不，我没有认错，就是你就救了我女儿，你怎么反倒忘了？"

求职者不想冒认这样的好事，坚持说自己没救过人。但无论他如何解释，总裁依然一口咬定自己不会记错。求职者呢，也犯起了倔强，就是不肯承认自己曾经救过总裁的女儿。

　　过了好一会儿，总裁才微笑着拍了一下这位求职者的肩膀，说："你的面试通过了，明天就可以到公司来上班，你现在就到人事部去报到吧！"

　　原来，这是总裁刻意导演的一场心理测试。他口头制造了一起"救人"事件，其目的是要考查一下求职者是否诚实。

　　在这位求职者前面进来的几位，因为都想将错就错，捡个便宜，结果反被总裁全部淘汰了。

　　而这位求职者却在面试的时候，成功地展示了自己诚实的美德，所以轻松地将自己带入成功者的行列。

　　许多事实都证明：成功，往往与诚实结伴而行。

　　诚实是一个"好人"最基本的人格要素，也是做人最基本的道德要求；诚实是成功的基石，也是一个人走向成功的"路标"。

作文技巧

故设谜团，卒章见志　故事一开头的"救人"事件，不仅让应聘者一头雾水，也让读者摸不着头脑，很具吸引力。接下来，谜团解开，让人恍然大悟，也道出诚实无价的真理，这比简单地讲道理，更发人深省。

智慧心语

　　诚实，本来是做人的一种基本准则。但因为许多人的不诚实，才使诚实变得难能可贵。越有人倡导诚实，越说明诚实的缺失。什么时候诚实成为人的一种习惯，人们不再极力渲染诚实，诚实才真正成为不必言说的美德。希望我们每个人都加入诚实的行列，不要让诚实变得那么高不可攀。

父与子

高振桥 [中国]

小时候，父亲是儿子的山；长大了，儿子是父亲的山。
但是有时候，这两座"山"却有着天大的差别。

一位80岁的老人，跟他受过高等教育的45岁的儿子一块儿坐在沙发上。突然一只乌鸦落在他们的窗户上。爸爸问儿子："那是什么？"

儿子回答："那是一只乌鸦。"

过了一会儿，爸爸又第二次问儿子："那是什么？"儿子又据实作答。又过了一会儿，老爸爸第三次问："那是什么？"这时，儿子提高嗓门显得很不耐烦地说："那是一只乌鸦！"

又过了一会儿，爸爸第四次问儿子："那是什么？"

这一次，儿子喊叫着对爸爸说："您为什么没完没了地问同一个问题，我不是已经告诉您许多次了，那是只乌鸦！这句话您听不明白吗？"

又过一会儿，爸爸去了自己卧室，回来时手里拿着一本破旧的日记。那本日记自从他的儿子出生他就一直保存着。他打开了日记当中的一页，叫儿子把那篇日记读一读。

儿子读到了如下的内容："今天我三岁的小子跟我一起坐在沙发上，突然一只乌鸦落在了窗户上。我儿子问我那是什么，问了二十三次，我回答了他二十三次，说那是一只乌鸦。儿子一遍遍问我，我就一遍遍回答他，每回答一次，我都亲切地抱抱他。我一点儿也不生气，反而觉得天真的小孩子挺可爱的。"

作文技巧

对比鲜明，震撼人心　同一个问题，同样问很多遍，但儿子对父亲的态度与父亲对儿子的态度却截然不同，从这种巨大的差别中，我们看到的是耐心与孝道的缺失。

智慧心语

孝顺是一种美德。孝道不仅包括让老人吃饱穿暖、生活安稳，还包括对老人言语恭谨、保持耐心。当我们对行动迟缓、言语迟钝的年老长辈感到不耐烦的时候，想想我们咿呀学语，需要人抱需要人扶的小时候，他们是否也曾对我们不耐烦过。这样，我们就会对老人多一些宽容，多一些耐心，多一些爱。

谎言使我如鲠在喉

朱成玉 [中国]

谎言有时会像一张网，它的可怕之处在于你撒出去后，却收不回来，而造成的后果也是不堪设想。

儿时的一个不经意的谎言，夺走了一个人的生命。它让我的生命过早体会了谎言的可怕，无边无际的忏悔周而复始地盘踞心间，像一把锋利的刀子，把我的心灵切割得七零八落。

小时候，村子里有个哑巴，他是个孤儿，和我同龄，每天靠村里人的施舍过日子。我们淘气，总是放狗去咬他，时间久了，他的性格变得很孤僻，仿佛对任何人都充满了敌意。

有一天，我和几个小伙伴打赌，说我能让他听我的话，叫他干什么就干什么。

因为我发现经常光着脚的他非常喜欢我的凉鞋，每次我从他面前经过时，他都会一直盯着我的凉鞋看。我生命中最有杀伤力的谎言鬼使神差般迅速配制成功，我跟他比画说，我妈妈准备给我买新凉鞋了，到时候我把这个给他。

哑巴高兴坏了，每天屁颠屁颠地跟在我后面，我让他做什么，他都会义无反顾地去做。我没想到，一个简单的谎言竟然有如此的功效。

有一天，在河里游泳的时候，我陷进了淤泥里，情况危急，我大呼救命。哑巴看到情况不妙，一个猛子扎下水，把我拽上岸来。可是我的脚上只剩一只凉鞋了，另一只陷进淤泥里。哑巴二话没说，又一次跳下河，去拯救那只已被许诺送给他的、被谎言附了体的凉鞋。结果，哑巴很久很久没有声响，他没有上来。

我惊慌失措地大声喊叫，惊动了村里的人。大人们将他打捞上来的时候，看到他手心里紧紧握着一只凉鞋。

大人们都不解，咂着舌为他惋惜："这孩子，咋就为了一只凉鞋呢？"

没有人知道那个谎言，那是我放出去的毒蛇，咬死了他。

埋葬他的时候，我偷偷地将一双凉鞋跟着埋了进去，那颗幼小的心灵刹那间生出巨大的愧疚来。

从此以后，我不再轻易地说谎，因为我知道，谎言是一把双刃剑，伤害别人的同时也伤害了自己，而且朝向自己这边的刃远比另一边的锋利。朝向自己这边的刃，叫忏悔。它对于一个有良知的人来说，痛苦如同暗夜，漫无边际。

◢作文技巧、

破处生波，波澜起伏 撒一个小谎，就如同在平静的生活中打开一个缺口，在这破损之处，风波顿起，不可阻挡。事情的发展出人意料，却又在意料之中，让人明白谎言的可怕。

◢智慧心语、

> 有的谎言是善意的，有的谎言却是恶意的，这两者的区别在于撒谎者出于何种用意。只有恶意的谎言才是可怕的，它撒出去后，往往一发不可收拾，造成连撒谎人都无法预知的后果。所以，任何带有恶意的谎言，哪怕是一个小谎，都不可说出口，这是对人品的考验，也是衡量人品的一种准则。

老师，我站着呢

菊池哲哉 [日本]

有的人喜欢斤斤计较，结果小事生大；
有的人喜欢宽容体谅，结果换来彼此的微笑。
有时，生活的差距就在于你的心容量是大还是小。

这是一所能看到大海的地势较高的中学。

那年约有80名新生入学，其中大多数是那些与大海搏击的渔民们的子弟。那是我给新生上第一堂课的事情。"起立！"大家都站起来。但是，有一名学生要滑头没有站起。"站起来，刚入学就是这种态度可不行！"我的语气顿时严厉起来。

这时，传来一个声音："老师，我站着呢。"

是的，A君站着，但是由于他个子太矮，我看着像是他在坐着。

糟糕！我做了对不起A君的事。我为自己的粗心感到不安，一时竟不知说什么。如果我再次道歉，反而会伤害A君的自尊心。于是，我当时只说了声"对不起"，周围的学生都笑起来。

下课后我想向A君道歉，但忙乱之中竟把此事忘掉。晚上，我犹豫是否给A君打电话，但打电话道歉太不礼貌，于是只好作罢。

第二天，我给A君的班上第二次课。"起立！"这时，忽然传来一个洪亮的声音。"老师，我站着呢。"A君，他站在椅子上，微笑着。我只觉得眼前发黑。从A君的微笑中，我看出他这样做并不是讽刺，也不是抵抗情绪的表露。我感到了"老师，我不在意，不要为我担心"这样一种体谅，我的心口感到疼痛。

晚上，我怀着复杂的心情给A君拨了电话。

"老师，别在意，别在意。"对面传来A君爽朗又充满稚气的声音。

我祈盼明天的天空还是晴朗无云，大海还是碧波荡漾。

作文技巧

反复咏叹，使文章荡漾生色 "老师，我站着呢"、"老师，别在意"这样体谅的话，反复来说，凸显出A君的胸怀宽大，也深化主题，引人入胜。

智慧心语

海纳百川，有容乃大。面对别人非有意犯下的错误，给予宽容和体谅，这是一种大度，也是一种美德。世界因为宽容而美丽，生活因为宽容而和谐。宽容了别人，也美丽了自己。如果我们每个人都有大海一样的胸怀，那么，就不会有什么事情让我们失去笑容。

礼仪

流沙 [中国]

当我们教导别人的时候，常常被人教导。
因为我们只看到别人身上的缺点，而忽略了自己的缺点。

人伸出手指指责别人的时候，另外四个手指头正指着自己。

从省城大学里请来一位礼仪教授，他给大家讲授在生活中如何讲礼仪。教授的礼仪课是从敲门开始的。教授说："刚才，我走进教室的时候，轻轻地敲了门，礼仪就是从这样的小细节开始的。"

教授说，在中国，有八成以上的人不知道如何敲门，譬如，敲一声，代表试探，说明敲门者是陌生人；敲两声，代表等待对方应答，说明敲门者与你认识；敲三声，代表询问，意思就是"有人么"。

在接下来的课中，教授来了一次模拟礼仪表演。他让一位学员扮做送水工，教授自己是主人。

"送水工"敲了三下门，他走进门，然后把水搬进了屋里。

教授指出了"送水工"三个礼仪方面的细节问题。敲门声太重，"送水工"没有表明自己的身份，也没有自带一次性鞋套，套住鞋子，以免鞋子弄脏主人家的地板。

于是，"送水工"和教授又来了一次表演，一切按照教授指点的那样做。所有动作结束后，"送水工"仍然站着，呆呆看着教授。教授说："这位学员，你可以下台去了。"

学员说："如果有人给我送水，我常常不好意思让他换鞋，宁可自己拖一下地板。还有，送水工离开的时候，我都会说一声'谢谢'。教授，我需要一声'谢谢'。"

教授呆在那里。继而教授说："谢谢你。"

学员们都鼓起掌来。所有人都知道这热烈的掌声是送给谁的。

●作文技巧▶

笔锋突转，深化主题　何谓礼仪？前文大量铺垫教授所讲的形式上的礼仪，而文末话锋一转，学员的话更如醍醐灌顶，让人明白什么才是真正的礼仪。

●智慧心语▶

礼仪不仅是一种行为方式，更包含的是对人的尊重。如果过多地追求形式，那么礼仪就失去本身的意义。在生活中，我们也常常把过多的精力放在追求形式的完美上，而忽略了最本质的内容。结果不管形式多么漂亮，没有了内容都同样是苍白无力。所以，一定要切忌舍本逐末，因小失大。

卖米

秦德龙 [中国]

在诚信与造假的多次较量过程中，
也许会互有胜负，但最终胜出的一定会是诚信。

父亲叫两个儿子去卖大米，并指着一堆沙子说："100斤大米，掺2斤沙子。"兄弟俩都明白父亲的意思，秤上缺斤少两，用沙子找补。

每天早晨，兄弟俩一个去北市场，一个去南市场。

哥哥在北市场。他直接把沙子掺到大米里，100斤掺2斤，10斤掺2两。掺得很均匀，一点儿也看不出来，也没有人去费这个心思计较。大米里有沙子，是很平常的事。

弟弟在南市场。弟弟和哥哥不一样，他没有把沙子掺到大米里，而是将沙子另外装在一个小袋子里。有人来买10斤大米，弟弟就叫人家看秤，人家买10斤大米，他只给人家称9斤8两。人家问："为什么少2两？"

弟弟就指着沙子说："您要吧？我给您称2两！"

买大米的人很生气："你是卖大米，还是卖沙子？"

弟弟笑道："您别着急，本来沙子是要掺到大米里的，可我没掺，怕您淘米时麻烦。可我也不能吃亏对吧？您想足斤足两，那就只好添2两沙子了。但我保证，我的大米里，绝对没有一粒沙子！"

买大米的人顿悟，付足了钱，拎着大米走了，还一路上想：知足吧，现在买东西，上哪儿找这么厚道的人？

一个买大米的人这么想了，就对另一个买大米的人说了。另一个人又对另外一些人说了，于是，一传十，十传百，人们都到弟弟这边来买大米。

哥哥的生意开始直线下跌。一天只卖了几斤，更别说掺沙子了。

一天，他悄悄跑到南市场察看。一看，他明白了，也火了，回家后他对父亲说："老二破坏了规矩，只卖大米，不卖沙子，把人都争走了。"

父亲捋着胡子笑着说："老二做生意上路了。从第一天起，老二就是那一小袋沙子，到现在，卖出去上千斤的大米了，还是那一袋沙子！老二把沙子的成本都省下来了，你说是不是呢？"

哥哥一下子没有话说了。

可是，哥哥却不大服气，对父亲说道："您再容我几天，买大米的人会回到我身边！"

果然，没几天时间，买大米的人就一拨一拨地，全都跑到北市场来买哥哥的大米了。

人们买哥哥的大米，总要先问一句："掺沙子了没有？"

哥哥昂着头说："没掺？"

实际上，他掺了沙子。

买大米的人听哥哥说没掺沙子，就买走了大米，当然，也买走了沙子。

他们还对哥哥说："工商局把南市场那个卖大米的给修理了，还把他的沙子拎走了。那家伙真不地道，居然公开搭售沙子，这不是羞辱消费者吗？"

当着父亲的面，弟弟向哥哥求教了，他很想弄明白，自己一不骗，二不哄，大米怎么就卖不动了呢！

哥哥笑道："人啊，都是吃骗不吃敬，你以为你高尚？你高尚了，你就去做和尚！"

父亲听后点了点头。

接着，哥哥对弟弟说了句真话："兄弟，别怪哥心狠，工商局拎走你的沙子，是哥给捅的。做生意嘛，心不黑，咋中？"

弟弟听了哥哥的话，说："哥，我不怨你！明天卖大米，我也掺沙子！"

第二天，弟弟又去卖米了，由于他这次称得足斤足两，生意比从前还好，但他并没有掺沙子，这一点父亲和大哥都不知道。

作文技巧

层层推进，引人入胜 兄弟两个卖米，各出奇招，互比高低，一次比一次更胜一筹，吸引人不得不读下去。但最后胜出的还是诚信，结尾点明主题，发人深省。

智慧心语

古训有云："童叟无欺。"诚信是生意之本。掺假、造假固然能赚取短期的暴利，但早晚会失去顾客的信任。只有以诚实为本，才能赢得消费者长久的信任，才能使自己的生意立于不败之地。诚信是商业成功的秘诀，也是一个人走向成功必须具备的品德。

尼泊尔的啤酒

吉田直哉 [日本]

总有一种力量让我们感动，那是对高贵人格的感动。
当我们怀疑人格时，会蓦然发现，原来那人格仍高高在上。

那是4年前的事了，准确地说不是"最近"了，然而对我来说，却比昨天发生的事还要鲜明得多。

那年夏天，为了摄影，我在喜马拉雅山麓尼泊尔的一个叫多拉卡的村庄待了十多天。在这个家家户户散布在海拔1500米斜坡上的村庄，像水、电、煤气之类所谓现代的生命线还没有延伸到这里。

这个村庄虽有4500口人，却没有一条能与别的村落往来的车道。不用说汽车，就是有轮子的普通交通工具也用不起来。而只能靠两条腿步行的山路崎岖不平，到处都被山涧急流截成一段一段的。

由于手推车都不能用，村民们只能在体力允许的范围内背一些东西在这条路上行走。他们完全知道这里的生活无法和世界上其他的地方相比。因此，他们是以一种苦楚的心情，在旅游者看来像世外桃源般美丽的风景中过着日子的。

特别是年轻人、小孩子都渴望离开村子去有电有车的城市，这也是理所当然的。

就是我们，在没法用汽车的这里，也深感不便，每时每刻都是全副武装登山。从汽车的终点站到村庄，我们竟雇了15个人搬运器材和食品，多余的东西不得不放弃。

首先放弃的就是啤酒，啤酒比什么都重。想过酒瘾，威士忌更有效果。我们4人带了6瓶威士忌，每人一瓶半，估计能对付着喝10天。

然而威士忌和啤酒，其作用是不同的。

当汗淋淋地结束了一天的拍摄，面对眼前流淌着的清冽的小河时，我情不自禁地说："啊，如果把啤酒在这小河中镇一下的话，该有多好喝呀。"

现在再提经过大家协商放弃的啤酒真是没有道理。这时却有人追问我说出来的这句忌语，他不是我的同僚，而是村里的少年切特里。

他问翻译："刚才那人说了什么？"当他弄清什么意思时，两眼放光地说道："要啤酒的话，我去给你们买来。"

"……去什么地方买？"

"恰里科特。"

恰里科特是我们丢了车子雇人的那个山岭所在地，即使是大人也要走一个半小时。

"是不是太远了？"

"没问题。天黑之前回来。"

他劲头十足地要去，我就把小帆布包和钱交给了他。"那么，辛苦你了，可以的话买4瓶来。"切特里兴高采烈地跑了出去，到8点左右背了5瓶啤酒回来。大家兴奋地鼓掌庆祝。

第二天午后，来摄影现场看热闹的切特里主动问道："今天不要啤酒吗？"

"要当然是要的，只是你太辛苦了。"

"没问题。今天是星期六，已经放学了，明天也休息，我给你们买许多'星'牌啤酒。"

"星"牌啤酒是尼泊尔当地的啤酒。我一高兴，给了他一个比昨天更大的帆布包和能买一打啤酒以上的钱。切特里更起劲了，蹦蹦跳跳地跑了出去。

可是到了晚上，他还没回来。

到了临近午夜还是没有消息。我向村民打听会不会出事了，他们异口同声地说："如果给了他那么多钱，肯定是跑了。有那么一笔钱，就是到首都加德满都也都没问题。"

15岁的切特里是越过一座山从一个更小的村子来到这里的，平时就寄住在这里去上学。他的土屋里放一张床，铺上只有一张席子。因为我拍过他住的地方并问了许多问题，所以对他的情况是了解的。

在那间土屋里，切特里每天吃着自己做的咖喱饭发奋学习。咖喱是他把两种香料和辣椒放在一起夹在石头里磨了以后和蔬菜一起煮出来的。由于土屋很暗，白天在家学习也得点着油灯。

切特里还是没有回来。

第二天也没有回来。到第三天也就是星期一还没有回来。我到学校向老师说明情况、道歉并商量对策，可是连老师都说："不必担心，不会出事的。他拿了那么一笔钱，大概跑了吧。"

我后悔不已，稀里糊涂凭自己的感觉把对尼泊尔孩子来说简直难以相信的一笔巨款交给了他，误了那么好的孩子的一生。

然而我想还是事故吧，但愿别发生他们说的事。

这样坐立不安地过了三天，到了第三天深夜，有人猛敲我宿舍的门。打开门一看，哎呀，切特里站在外面。

他浑身泥浆，衣服弄得皱皱巴巴的。听他说由于恰里科特只有4瓶啤酒，他就爬了四座山直到另一个山岭。

一共买了10瓶，路上跌倒打碎了3瓶，切特里哭着拿出所有玻璃碎片给我看，并拿出了找的钱。

我抱住他的肩膀哭了。很久了，我不曾那样哭过，也不曾那样深刻全面地反省过。

作文技巧

反衬法使文章盎然生辉　山村的极其穷困，村民和老师对切特里的判断，这些都似乎断定了切特里逃走是无疑的。然而结果却是出人意料，前文的这些铺垫衬托出少年人品的可贵，也使文章感人至深。

智慧心语

在生活中，每当出现差错，我们便会习惯性地去怀疑某个人的人品，从而造成许多不必要的伤害和矛盾。其实，不是每个人都会把自己的人格放在脚下任人去踩，也不是每个人都把道德看得一文不值。多给一点时间，多给一点耐心，你会看到更美丽的人生。

举世无双的珍品

威塞尔 [德国]

当你感觉自己捡了大便宜时，千万不要高兴得太早。
请记住：天上是不会白白掉下馅饼的。

　　"这颗钻石精美绝伦，是本店最贵重的宝石。"珠宝商本德尔向
他的顾客介绍着。

　　"你喜欢不喜欢这个坠子，亲爱的？"那位男顾客温情地问站在
他身旁的少妇。

　　身着华丽服装的少妇一脸不高兴的样子："还问我喜欢不喜欢？
这颗钻石的确是精美无比，我还从没有见过……"

　　"这个坠子多少钱？"男顾客问。

　　本德尔的心都有点颤抖了，如此爽快的顾客他还从没有碰到过呢！
"这颗钻石的价格肯定不会低哟。"本德尔的口气是试探性的。

　　"那当然。"男顾客不屑一顾地说，"多少钱？"

　　珠宝商本德尔深深地吸了一口气，仿佛要费很大力气才能说出
这个数目似的!

　　"10万。"店堂里好大一会儿没有一点儿声息。那位衣着华贵的
女顾客"啊"了一声，睁大了一双美丽的眼睛瞧着她身边的男人。

　　而男顾客仿佛没显出什么犹豫就问道："我可以用支票付款
吗？"本德尔好半天没有转过神儿来，他感到太突然了，就连站在店

里后面的两个女营业员也面面相觑，仿佛不相信她们刚刚听到的问话似的。

"怎么？"男顾客显出不高兴的样子，"您该不会以为我会把10万马克的现金带在身上吧？"珠宝商怔怔地望着面前的顾客，好半天才说："当然不是。不过您是知道的，为了安全起见我们不得不对支票进行验证。你们请到会客室稍候片刻！"

本德尔把这一对男女让进了会客室，男顾客拿出一张支票填好之后交给了他。本德尔只看了一眼支票上的签名就把它递给一个女营业员。签名是"卡尔·舒尔曼"。

10分钟之后本德尔就放下心来了！支票完全正常。他暗自在心里笑了——像这样的生意可不是每天都有啊。这颗钻石确实价值千金，而且做工也极其考究。然而遗憾的是这颗钻石有一点小小的瑕疵，就是因为这一点点美中不足，使宝石的身价一落千丈。好在这点瑕疵外行人是看不出来的，只有宝石专家才能发现。因此本德尔仍将它按正品出售，而且没有影响他在此价格上再加上4万马克。他知道，珠宝不遇穷人。

几个星期后的一天，本德尔的珠宝店里又走进了那个叫卡尔·舒尔曼的人。本德尔一眼就认出了他，顿时他的心跳加快了：难道他发现了……

卡尔·舒尔曼从口袋里掏出一张名片递给了本德尔："这是我们的新地址。今天我来是为了一件事。自从我妻子从您这儿买了那个钻石坠子以后，整天话不离钻石。这倒使我犯难了，怕是再也找不到能够使她更高兴的礼物了。我想如果能再送她一颗一模一样的钻石，她肯定会非常高兴的。不过这次要是镶嵌在手镯上就更好了。价钱我不在乎。"

"这恐怕是不可能的，"本德尔叹了口气说，"世界上是不会有两颗完全相同的钻石的。"

"那就太遗憾了。"舒尔曼怅然若失，"唉，你们同行之间有没有往来，能不能跟他们联系联系？"

"有，有，先生，我们都有联系的。"本德尔先生简直不知道说什么好了。

"那太好了，如果您找到了请跟我电话联系。"

本德尔派人四处查访，又分别给100多家珠宝行去信联系。可是几个月过去了，仍一无所获。

正在这时，被派出去的人当中有个人从远东打来了电话，说他在缅甸的仰光发现了一颗与所需钻石质量相仿的钻石。本德尔先生对着话筒发了话："只要能弄到手，不管多少钱！"当本德尔以35万马克将这颗钻石弄到手之后，简直欣喜若狂，可是他总觉得与卖给舒尔曼的那颗有点相像，于是他又请来了原来那位珠宝鉴定专家。

这位专家一看见宝石就禁不住叫了起来："咦！您这颗钻石不是已经卖掉了吗？"

"您搞错了！您讲的那颗早就卖掉了，这是另外一颗。不过这一颗也已经有人买了！"

专家仔细地看了看宝石后说："确切的鉴定结果过两天才能出来。不过我记得那颗钻石也是在这个部位有一点瑕疵——如果真是这样，那就肯定是同一颗钻石！"

本德尔先生的脸刷的一下全白了，他慌了神，但还是跑到电话机旁拨了舒尔曼的电话号码。话筒里传来了一位女性的声音："这里是豪华大酒店……非常遗憾，舒尔曼先生和他的妻子两天前就走了，他们没有留下地址。"

ⓐ作文技巧

戏剧性的故事情节是本文吸引人之处 同一颗钻石，以高价卖出，又以更高价买入，戏剧性的变化令人啼笑皆非，也更深刻地告诉人们：唯利是图，早晚要落入陷阱。

ⓐ智慧心语

钻石会因一点瑕疵而降低本身的价值，人品也会因为一点瑕疵而大打折扣。陷阱往往是为贪便宜的人设置的，因唯利是图才会落入彀中。所以，不管是为人，还是做生意，都应以诚信为本。不欺人，才不会被人欺，这是永恒不变的真理。

认爹

星竹 [中国]

诚实是一把无形的尺子，它时刻跟在你身边。
如果你偏离了这把尺子，那么它将把你打出"原形"。

多年前，美国纽约的"红心慈善协会"准备为一家孤儿院盖一幢大房子，在破土动工时意外地挖到了一座坟墓，于是在报纸上刊出启事，请死者家属速去办理移坟事宜，届时将得到补偿款5万美元。

42岁的爱德华看了消息不禁怦然心动，他的家就曾在那片土地上，父亲也确实死去多年，但不葬在那里。就差了一点点，爱德华忍不住地想，要是父亲当初葬在那块地上，他就可以轻而易举地获得5

万美元。5万美元在当时可是一个惊人的数目。

虽然那不是自己父亲的坟，但爱德华还是抑制不住5万美元的诱惑。他想，那座坟墓既然没有人认领，自己可不可以冒充一回孝子，做一回儿子？爱德华为自己的想法所激动。不过启事上说得很明白：要去认领，得拿出相关的证明。

爱德华绞尽脑汁，终于想出了可以证明那是自己父亲坟墓的办法。他来到旧货市场，买了一张30年前的旧发票，又到丧事用品店花6美元让人在旧发票上盖了一个章，证明他30年前曾为父亲在那里买过丧葬用品。爱德华做得天衣无缝，喜出望外地跑去认爹了。

那家慈善机构的一位小姐热情接待了爱德华。爱德华装出一副悲痛的模样，甚至掉下眼泪，痛哭不止。接待小姐却笑了，说："你不必这样，老人家毕竟已经入土30年了，活人不该再这样悲痛。"爱德华感到自己的表演有点过头了，便不再装腔作势。

接下来的事，却让爱德华大吃一惊。小姐将他的姓名、住址记录在案，并告诉他，他是第169位来认父亲的儿子。说得明白一点，现在已经有169个儿子来认爹了。他们要一一审查，确认谁是其中的真儿子。

爱德华如遭当头一棒，他怎么也没想到，会有这么多和他一样财迷心窍想认爹的人。

在当时的美国，全社会都在经受着一场信任与诚实的危机，人们对诚信的呼声日渐高涨。

事情被一家媒体知道，这家媒体将这169位认爹的人的姓名刊登在报纸上，告诉人们：人再贪财，爹也是不能乱认的。这时对坟墓尸骨的鉴定结果也出来了，令人惊奇的是，这169位儿子都是假的。坟墓里的尸体已经有160年了，死者的儿子不可能还健在。

这真是一个耻辱。

又是这家慈善机构宣布：如果大家确实想认爹，可以到老年收容所去，他们每人都将得到一个爹。看到这幕闹剧，美国上下深受震动。各界人士纷纷站出来呼唤诚信，号召人们一定要做一个诚实坦白的人，一定要靠自己的劳动创造自己的未来。

那次事件后，爱德华感到无地自容，非常惭愧。他将那份报纸珍藏起来，警示自己一定要做一个诚实可信的人。

十年后，爱德华成为了全美通信器材界的巨头。当有人问他创业和成功的秘诀时，爱德华坚定而感慨地说："诚实，是诚实帮助了我，使我学会了做人，使我有了事业并学会了如何待人，诚实给了我一切。"一个诚实可信的人，虽然会被人欺骗，常常吃亏，但最终会赢得信誉，受人爱戴，并获得成功。

诚实，一直是美国人无比注重的东西，也是美国人事业腾飞的武器。诚实是任何一个民族强大起来的根本。

作文技巧

情节设置巧妙，出人意外又在情理之中 一座坟墓，却出现169个假儿子。文章在引人发笑的同时，更让人深思，诚实才是发财致富的根本。

智慧心语

人总会因为某种目的而去撒谎，但谎言终是会被戳穿的。在揭开谎言的那一瞬间，人们看到的是人格的卑微。其实，每个人都可能撒过谎，甚至是撒过一些恶意的谎。但如果知错能改，能认真弥补自己的过失，那么我们依然是一个诚实可信的人。因为你不抛弃诚实，诚实就不会抛弃你。

善良，再会善良

佚名

> 善良是一颗种子，你播撒给别人，别人会种出果实送给你。
> 善良是一种世界语，它在全世界都通行。

第一次世界大战期间，那是1917年，美国加入协约国集团，向德国宣战，无数装备精良的美国士兵深入德国参加战斗。

阿历克斯是一名来自美国明尼苏达州的犹太士兵，他与部队失去了联系，独自来到德国小镇塞尔德斯。由于当时美军与德军正处于敌对酣战当中，阿历克斯的出现在当地引起了极大的轰动。小镇上有一位犹太老人，为了保护这个犹太士兵，他把他带到了犹太人的教堂，并邀请他参加自己家里举行的犹太教的祈福仪式。

阿历克斯非常感动！他知道，对于这个家庭来说，自己只不过是一个陌生人，保住性命尚且不易，更不用说在异国他乡享受到家的温馨了。回到家乡后，阿历克斯马上给这位犹太老人及他的家人写了一封表达感激之情的信。但这封信发出后，一直没有回音。

转眼到了1938年，希特勒开始推行迫害犹太人的政策，每个犹太人的命运都岌岌可危，小镇上的这家人也不例外。

这一天，老人11岁大的孙子随意翻弄着爷爷的抽屉，偶然间他看到一个发黄的信封，上面竟有一张外国邮票，他好奇极了，把信拿给爷爷看。老人看到信，想起了21年前的那个犹太士兵，也许他现在能够帮助自己和家人脱离苦海。

　　可是，这封信的落款处只有阿历克斯的名字和一个简单的地址——德鲁斯，明尼苏达州。仅靠这样不确切的地址能在茫茫人海中找到那个阿历克斯吗？即使找到那个阿历克斯，他还会记得21年前的往事吗？他愿意帮助我们这家人吗？老人思来想去，虽然有无数的问题，但因为没有别的办法，还是写了回信。他在信封上含糊其辞地写上了那个地址和名字，接着他便与家人在无尽的祈祷中，盼望着好消息的到来。

　　令人意想不到的是，明尼苏达州当地的邮递员竟然认识这个已成为富翁的阿历克斯，并把信送到了他的手中。阿历克斯一看来信的地址，就想起了21年前发生在德国小镇上的往事和那家善良的犹太人。他决定尽自己最大的努力来帮助他们离开德国，逃脱厄运。经过几番周折，1938年5月，阿历克斯终于成功地把犹太老人一家接到了美国，使他们远离了灾难。

　　穿越二十余年的岁月沧桑，善良又遇到了善良。

作文技巧

一呼一应是文章动人之处　老人用自己的善良保护了美国士兵，而二十余年后，已成富翁的美国士兵又保全了老人一家，前后呼应恰好表达了文章的主题——善良，又遇到善良。

智慧心语

　　善良是不要求回报的，然而善良本身就是一种良性循环，我们在给予他人帮助的时候，也必然会感受到他人对我们的善良，甚至会在某一天不期然地得到善良的馈赠。播种善良，就是收藏希望。如果你觉得生活里的希望不够多，那就从现在开始，亲手播种一个个希望吧。

问路

佚名

不要让骄傲和虚荣占据你的心，否则你的盲目自大会让你成为笑柄。
切记：谦受益，满招损。

亚历山大大帝骑马旅行到俄国西部。一天，他来到一家乡镇小客栈，为进一步了解民情，他决定徒步旅行。当他穿着一身没有任何官衔标志的平纹布衣走到一个三岔路口时，记不清回客栈的路了。

亚历山大无意中看见有个军人站在一家旅馆门口，于是他走上前去问道："朋友，你能告诉我去客栈的路吗？"

那军人叼着一只大烟斗，头一扭，高傲地把这身平纹布衣的旅行者上下打量一番，傲慢地答道："朝右走！"

"谢谢！"亚历山大又问道，"请问离客栈还有多远？"

"一英里。"那军人生硬地说，并瞥了陌生人一眼。

亚历山大抽身道别，刚走出几步又停住了，回来微笑着说："请原谅，我可以再问你一个问题吗？如果你允许我问的话，请问你的军衔是什么？"

军人猛吸了一口烟说："猜嘛。"

亚历山大风趣地说："中尉？"

那烟鬼的嘴唇动了下，意思是说不止中尉。

"上尉？"

烟鬼摆出一副很了不起的样子说："还要高些。"

"那么，你是少校？"

"是的！"他高傲地回答。

于是，亚历山大敬佩地向他敬了礼。

少校转过身来摆出对下级说话的高贵神气，问道："假如你不介意，请问你是什么官？"亚历山大乐呵呵地回答："你猜！"

"中尉？"

亚历山大摇头说："不是。"

"上尉？"

"也不是！"

少校走近仔细看了看说："那么你也是少校？"

亚历山大镇静地说："继续猜！"

少校取下烟头，那副高贵的神气一下子消失了。他用十分尊敬的语气低声说："那么，你是部长或将军？"

"都猜错了。"亚历山大说。

"殿……殿下是陆军元帅吗？"少校结结巴巴地说。

亚历山大说："我的少校，再猜一次吧！"

"皇帝陛下！"少校的烟斗从手中一下掉到了地上，猛地跪在亚历山大面前，忙不迭地喊道，"陛下，饶恕我！陛下，饶恕我！"

"饶你什么？朋友。"亚历山大笑着说，"你没伤害我，我向你问路，你告诉了我，我还应该谢谢你呢！"

●作文技巧

情态的细致刻画是本文成功之处　从少校的趾高气扬到跪倒在地，文章对他的情态、动作都做了细致的刻画，不但活脱脱刻画出一个傲慢而卑琐的小军官形象，也让他与亚历山大形成对比，形象鲜明。

智慧心语▸

> 骄傲和虚荣不会给人带来任何帮助，反而会降低你的人品，妨碍你对事物做出正确的判断，让你裹足不前。所以，不论在什么时候，都不可有骄傲和自满的情绪，否则你将达不到成功的顶点，即使站到了成功的路口，也会与成功失之交臂。

我们得回到幼儿园

王四四 [中国]

优秀的品德是一个人走向成功的基础。
失去这个基础，所谓的能力和才华都毫无用处。

1987年，75位诺贝尔奖获得者在巴黎聚会。

有人问其中一位："您在哪所大学学到您认为最重要的东西？"

那位老人平静地说："是在幼儿园。"

"在幼儿园学到什么？"

"学到把自己的东西分一半给小伙伴；不是自己的东西不要拿；东西要放整齐；吃饭要洗手；做错事要表示歉意；午饭后要休息；要仔细观察大自然。从根本上说，我学到的最重要的东西就是这些。"

我们现在最重要的，就是幼儿园老师对我们说的一句话：不要说谎，从小就要有信誉。

我常对女儿说，迟到了，老老实实说睡过头了，别说闹钟坏了，别说路上堵车。说话太老实，眼前是会吃点亏，但最终会使你受益一生，因为人家相信你。被人认为可以相信，是你最大的财富，有人忙一辈子也得不到，有人捐了100万元也没用，所以老爸这句话对你来说值100万元呢。

今年达沃斯世界经济论坛期间，我们这边也搞了一些讨论。

1月31日那一场，在几位企业家绕来绕去热烈地讨论企业的接班人难题时，坐在嘉宾席最边上的一位经济学者冷冷地帮他们挑明："当你要把企业交给他的时候，你不仅要对你的继承人的能力有一个高的评价，而且要对他的道德……就是说，要信任他——而在中国目前的情况下，可信赖的人太少了。"

学者话音未落，掌声爆响一片。

我真希望那些众多正在读MBA的人能听到这场讨论，真希望他们能明白，现在总裁、首席执行官的位子不少，要想坐上去，比一纸文凭更重要的，或者说比案例分析能力更重要的，是你这个人可信与否。借用一个建筑学名词，就是"可靠度"——你可以没有MBA文凭，但你必须有足够的"可靠度"。有了它，你才有可能得到你希望得到的一切。

今年2月在西方出版的《百万富翁的智慧》一书，对美国1300名百万富翁进行了调研。在谈到为什么能成功时，他们几乎没有一个人把成功归于才华。

他们说："成功的秘诀在于诚实、有自我约束力、善与人相处、勤奋和贤内助。"好像就是一些幼儿园老师教的东西，而且，诚实摆在第一位。

深圳有一个农村来的没什么文化的妇女，起初给人当保姆，后来在街头摆小摊儿，卖一个胶卷赚一角钱。她认死理，一个胶卷永远只赚一角，生意越做越大，后来买了不少房产。

现在她开一家摄影器材店，还是一个胶卷赚一角。市场上柯达卖23元，她卖16元1角，批发量大得惊人，深圳搞摄影的没有不知道她的。外地人的钱包丢在她那儿了，她花了很多长途电话费找到失主。有时候算错账多收了人家的钱，她火急火燎找到人家还钱。听起来像雷锋，可赚的钱不得了。

这个半文盲妇女的人生哲学，恐怕也就是幼儿园老师教给我们的那一些简单的东西。她就用那一点点简单的东西，在深圳这块人精成堆的地方，打败了复杂的东西。现在，再牛气的摄影商，也得乖乖地去她那儿拿货。

以往我们有时候没说实话、做实事，有意无意骗了别人，伤了别人，也骗了自己，伤了自己。现在，我们只有退回原地，按幼儿园老师教的去做。

作文技巧

标题新颖，先声夺人 一个好的标题是文章成功的一半。"我们得回到幼儿园"这个标题极具吸引力，再配上文中有力的实例证明，就将提倡道德这个主题讲得深入人心。

智慧心语

人之初，性本善。其实每个人都知道做人的基本道德是什么，只是有些人在为人处事中不知不觉偏离了道德的轨道，学会了撒谎、虚伪、狡诈……然而成功只属于坚守道德的人，他们才是社会的脊梁。好好审视自己，如果我们偏离了道德这条准线，那就请老老实实回到正轨吧。

仰视的理由

沙奎尔·奥尼尔 [美国]

如果你尊重别人，你将得到别人的尊重。
如果你趾高气扬，那别人也会对你不屑一顾。

我记得，那时我刚刚升入中学，正是把友谊看得比什么都重要的年纪。可偏偏我长得太引人注目了：我的个子太高了，要比身边所有的同龄人都高得多。

身高常常让我备感孤独。

毕竟，有谁愿意一直仰着头和朋友说话呢！为了不让同学们过于注意我的高个子，甚至为了不让有些人取笑我是"傻大个"，我加入了罗克斯的小帮派。我们的目标与乐趣就是尽可能地给队伍以外的所有人都安上又损又搞笑的绰号。

为了能在队伍中显得"出色"，我甚至给别人起过一些侮辱性的绰号。起初，那些同学仰起脸来狠狠瞪我的目光就像鞭子一样抽在我的心上，但在死党们的吹捧和赞扬下，我也就渐渐麻木，甚至扬扬得意起来。

直到有一天我当面侮辱了班吉明。这个小个子男生连看都没有看我一眼，冷笑着从我身边走过。我听见他轻轻地对我说："因为鄙视，我懒得抬头。"

我恼羞成怒地转过身去咒骂他，却看见了站在不远处的我的父亲，我的脸一下子变得煞白。

父亲对我的管教一直非常严格。

从小他就教育我，要像对待自己的兄弟姐妹一样与伙伴们真诚而友善地相处。我以为父亲看到我那没教养的样子，会狠狠地教训我，然而，父亲却只是走到我面前，十分严肃地对我说了两句话，说完便拍拍我的肩膀走了。

那天我一直呆呆地站在那里，好久才发现自己哭了。

第二天，我非常坚决地退出罗克斯的帮派，我不在乎他们的不解与嘲弄；我真诚地向自己过去伤害过的每一个人道歉，包括我的父亲；我申请加入了校篮球队，一年后，我当上了队长……

光阴荏苒，很多年过去了。

我一直都是非常高的个子。从当初那个青涩的男孩到现在略显啤酒肚的大叔，我永远要比同龄人高出许多。但个子早已不再是问题，真的。我的朋友们都很喜欢和我聊天，他们常常会仰起脸来对我露出会心的微笑。

我儿子个子也很高，当这个小家伙开始为自己的高个子烦恼的时候，我就会一遍又一遍地告诉他两句话，也就是父亲当年敲醒我的那两句话：

"你只有尊重人，才会得到别人的尊重。既然大家都要仰头和你说话，请给他们一个仰视你的理由。"

作文技巧▶

独特的心理描绘写出少年心理 他加入混混行列，给人起外号，皆因为怕得不到别人的尊重，这些心理独白使一个敏感的少年形象跃然纸上，也使读者更加明白他最终转变的缘由。

智慧心语▶

> 尊重是一门学问，不但要懂得尊重别人，也要懂得尊重自己。首先正确看待自己，摆正自己的位置，这就是尊重自己。自己的位置摆正了，心态平稳了，才会以正确的态度看待别人，尊重别人。在青春的岁月里，在成长的道路上，懂得如何尊重自己和他人应是我们永远坚持的一个路标。

只要我那一份

刘泰辰 [中国]

金钱是最能考验一个人的人品的东西。
有的人为了它不择手段，而有的人却不为之所动。

去年8月下旬，我乘火车去北方出差。当时正赶上学生入校高峰，按票找到座位时，对面临窗的位子上已坐着一个20岁左右的男孩。他黑红的脸庞，穿着很旧的夹克。见我一直盯着看，他憨憨一笑，露出洁白的牙。

"你是到学校报到的新生吧？"我问。

他点点头。

"考上什么学校？"

"××大学。"他声音很低。

"名牌大学呀！"莫名的兴奋使我冲动地叫出声。周围的人显然听见了，羡慕的目光齐聚男孩。男孩害羞似的低着头，脸更红了。

车窗外大同小异稍纵即逝的风景，车轮与钢轨咬合发出单调的声音以及从窗外飘来的异乡的空气，使车内一个个兴奋点慢慢消逝。

"哪位旅客需要盒饭？"服务员推着银白色的餐车从窄窄的过道挤了过来。车厢内弥漫着的饭菜香味勾起了人们的食欲。我要了酒肉摊在小桌上，大吃大嚼。

男孩目光扫了餐车一下，喉结轻轻一提，然后低下头，在帆布包里摸索了一阵，掏出一个紫红的陶罐，小心夹在腿间，又从包里摸出干硬的大饼。陶罐里是萝卜条制成的深褐色的咸菜。男孩左手握住饼，右手捏一条咸菜，啃咽干饼时，他的右手弯成掬水状，小心接着饼屑。

我心里一震，把酒肉推到他面前，请他吃。他将手中的饼扬了扬，客气地说："谢谢。"

列车驶入一个小站，停下了。车外立刻扑来一群小贩，高举着各种食品、水果大声叫卖。

"矿泉水，一块两瓶"，这价钱要比列车上的便宜很多。男孩显然是渴了，他把头伸出车厢。

"矿泉水，一块钱两瓶。"一个头发染黄的20岁左右的年轻人举着水瓶兴奋地叫卖。男孩小心翼翼地摸出张票子。

"买一瓶水。"男孩递出10块钱。小贩一把抓过钱，开始低头找钱。只是他一会儿摸摸上衣袋，一会儿摸摸裤袋，着急的样子，好一会儿，小贩只是从下到上、从上到下简单重复着动作，并没有找钱的意思。

列车已缓缓启动，男孩急了："快找钱呀！要不把钱还我！"那小贩盯着移动的列车，突然抬起头，向男孩晃着10元票子，拉着怪调说："拜拜吧，您哪。"

无耻的骗子！我冲动地想往他那张恶心的脸上吐口水。就在这时，突然见男孩猛将半个身子弹出窗外，闪电般将小贩的帽子抓回车厢……列车加速前行，那小贩突然像一只打足了气的皮球，追着列车又跳又叫。

列车飞速冲出小站。我和车厢里的人们齐声怒骂小贩。

涨红了脸的男孩愤然把小贩的帽子往桌上一摔，那小帽里竟然跳出一沓钱！看样子有两三百元。

"太好了！"

"报应！"

"这钱正好用在学习上。"面对这戏剧性的一幕，人们刚才的愤怒突然烟消云散，车厢里响起了掌声。

男孩显然没想到会有这种局面。他盯着钱愣了一阵，突然他从那沓钱里找出一张10元的票子，放进帆布包里，然后抓起帽子裹着剩下的钱一把扔到了车窗外。花花绿绿的钞票像枯叶一闪便飘飞得无影无踪……

车厢里除了车轮和钢轨碰击的声音，一片安静。男孩看着四周大家怪异的表情，抬起头，重重地说："我只要我那一份。"

作文技巧

细致的动作描写使文章熠熠生辉　男孩吃饭的动作、抓小贩帽子的动作、扔小贩帽子的动作，都写得很精彩。这些动作串联起来，使一个贫困但人品高尚的男孩形象变得非常高大，令人敬佩。

智慧心语

君子固穷，小人穷斯滥矣。君子能安贫乐道，坚守节操，而小人一旦贫困就会胡作非为。我们生活中不可缺少了钱，但君子爱财，取之有道，如果为赚取金钱而不择手段，那下场也将是可悲的。只有正正当当地创造财富，不贪婪，不收不虞之财，才能心安理得，过得安稳。

3 走在成长的路上

Chapter 59~98

年少的心是那么单纯，年少的时光是那么青春飞扬，年少的故事是那么值得回味。在年少的岁月里，即使有一点忧伤，有一点灰色，那也是美丽的。因为那是我们成长路上的路标，走过它们，我们会慢慢变得成熟，一点一点长大。我们每个人都走在成长的路上，一步一个脚印，或深或浅，或歪歪扭扭，那些都是我们成长的足迹。身后的路已经走过，前面的路还有很长，让我们继续背上行囊，边走边学着成长。

当我敲门时，上帝不在家

沙然［中国］

假如我们没有一双手，我们还可以用双脚走路；
假如我们没有一双眼睛，我们还可以绽出一个笑脸。
假如我们不放弃希望，我们就还有希望。

在师大附中读高一的那个暑假，我在舞蹈班里报名学古典舞。据说有两个任课老师，一个教基本功，一个教组合，是从舞蹈学院请来的优秀毕业生，教完这个暑假她们就要出国深造了。

第一节课开始前，我们一个班30个男孩女孩，换好衣服站在了舞蹈教室的大镜子前，兴奋和紧张写了满脸，我们一边窃窃私语，一边等候着老师的到来。

这时，玻璃门闪了一下，班主任谭老师进来了，她含着笑说："请允许我介绍一下你们的老师——陈老师，两个陈老师！"顺着她的目光望去，只见从右侧的小门里走进来两个大姐姐。天哪，原来是一对双胞胎！都穿着黑色的练功服，白色舞蹈鞋，浓黑的长发盘得高高的，用浅绿色的发带束了起来。她们手挽着手，微笑着一起向我们走来，姿态婷婷袅袅，美丽无比。她们顶多20岁出头，窈窕的曲线，清秀的模样，最重要的是，她们都有一双像混血儿那样漂亮的大眼睛。她们环视一圈，带着谦逊的微笑，跟我们打招呼。

"我叫陈蕴欢，这是我的妹妹陈蕴乐，你们可以叫我们大陈老师和小陈老师，也可以叫我们大陈姐姐和小陈姐姐。"

大家都笑了，和她们对视的感觉真好，如沐春风。

"上课前先做一组芭蕾舞的手位练习，然后开始准备活动……"大陈老师仔细讲解着动作的要领。她的肢体轻盈舒展，像打开双翅的仙鹤。我们练习时，她认真地纠正着："右手低一点，腰直起来，双脚小八字步打开……"

半个小时后，小陈老师说："好了，下面我们上把杆，先请同学们看我的示范动作。"然后，她扭头小声说："谭老师，麻烦你，把杆在哪儿？"

话音刚落，所有的目光"刷"地望向她，我们惊呆了！

谭老师连忙走过去，扶着小陈老师的手，说："向后转，往前走5步，好，到了！"小陈老师用手丈量着把杆和墙面镜子的距离，点点头说："谢谢你！"

教室里顿时鸦雀无声，我的脑海中一片空白，难道……这么漂亮的小陈老师，她是……我不敢再往下想。然后只见大陈老师也向后转，照着谭老师所说的5步走过去，到第5步时，下意识地伸出手去。

天哪！原来这是一对双目失明的姐妹花。我实在无法想象，她们是以怎样的毅力和勇气，付出了多少艰辛和汗水才成为了舞蹈界的新星乃至奇迹。毫无疑问，这是我上得最认真的一堂课，她们的一举一动时时刻刻牵引着我的视线，牵扯着我的心弦。

课间休息时，她们安安静静地坐在木地板上。我倒了两杯茶，放在她们手里，她们一如既往地微笑着说："谢谢你！"我竟有些哽咽了，忍不住说："老师，我真的没有想到……上帝对你们太不公平了。"

片刻，小陈老师说了句让我终生难忘的话："当你敲门时，上帝不在家，你是埋怨、懊悔、无休止地哀叹可怜的命运，还是继续敲继续等，用尽所有的努力直到打动他？前者让你付出了撕心裂肺的代价，后者让你在付出撕心裂肺代价的同时，也赢得了刻骨铭心的收获。也许，这就是人生。"

作文技巧

埋设伏笔，出人意料 前文着重提到这对姐妹都有一双美丽的大眼睛，就此埋下伏笔。在后文写到两人都双目失明时，便收到前所未有的震撼人心的效果，进而为深化主题打下基础。

智慧心语

当厄运降临时，与其哭天喊地，埋怨上天的不公，不若忍下泪水与痛苦，默默耕耘属于自己的一块田地。只要我们肯付出劳动与汗水，就依然能收获希望与美好。只要我们心灵没有残疾，任何身体上的残疾都不是可怕的。要相信，上帝对每个人都是公平的。

点我一次名好吗

陈绍龙 [中国]

不管是一朵开错时令的小花，还是一棵长歪方向的小草，它们的生命都是可爱的。多给它们一些阳光吧，那是它们最需要的力量。

20世纪80年代初，我在十里沟中学做教师。十里沟在苏皖交界处，是大别山系的余脉，地处偏僻，现在那里建了铁山寺国家森林公园，那时也是省第二少年犯管教所的所在地。

九月了，天高气爽，校园里散发着青草味儿和扑鼻而来的书香，新学期开始了，又一茬新同学像是枝条上刚发的芽，嫩嫩的，又都是可爱的。

老师熟悉这些孩子是从点名开始的。这么多年过去了，学生一茬茬像出巢的小鸟飞了，我记住的不多，忘不了的是一次特殊的点名，一个特殊的学生。

他叫丁丁，是个少年犯。

我们学校离少管所不远。学校为了开展法制教育，会分批组织学生到少管所听报告。少管所也愿意和学生开展一些互动活动，说这样有利于犯人改造。

丁丁14岁，本名叫丁小东，由于他个子小，少年犯和管教干部有时就叫他丁丁。丁丁在第二中队，做门卫，也就是负责门两边水泥路面的清洁。我见到他时，他已把路面拖得很干净了，可他仍旧没有放下手上的拖把，机械地做着拖地的动作。干部说是要培养他们劳动的习惯。

少年犯都穿着统一的衣服，衣服上印有不同的号码。

管教干部告诉我丁丁很聪明，平时学习最刻苦，管教所也配备有老师，帮助少年犯上文化课。老师也是犯人。

丁丁在拖地的时候，我跟他闲聊。丁丁向我提了两个要求，一是他要叫我一声老师。我说行。"老师！"他怯怯地叫了声，我爽快应答着。我的心一颤，真的想抱抱这孩子，多少年了，没有哪一声"老师"能这么让我刻骨铭心。

我说你还有第二个要求呢，他说："点我一次名好吗？多少年没人叫过我的名字了。"

少年犯也点名，但那是点号。我答应了以后，并征得干部同意，让丁小东坐在学生群中。

那天依旧是听报告，就是让少年犯现身说法。我们学生也会为少年犯唱些歌什么的。

那天我点名特别严肃，也极为认真。我像上课一样，点名时不时地抬起头来，环顾学生的情况。我起先只是点其他一些同学的名字。丁丁聚精会神地听着，两只眼睛还不时地盯着我看，唯恐听不到我的声音似的。

"丁小东！"我故意把声音喊得很大。

"到！"丁丁一下子笔直地站了起来。我说坐下，点名是不要站起来的。

"丁小东！"他没有料到我会再点他的名。

"到！"他又突然站了起来。

同学们一阵哄笑。

"坐下。不要站起来！"我一脸严肃，仿佛是训斥一个不听话的孩子似的。

"丁小东！"我第三次点了他的名。

这一次他喊过"到"后刚想站起就坐下了。我望着他也禁不住笑了，同学们也笑了，气氛十分活跃，那一刻，他仿佛忘了自己是一个犯人。丁丁坐下来以后自己也笑了。

这是我在少管所看到的一朵最灿烂的笑容。

✏作文技巧

选点巧妙，以小见大 "点名"对常人来说，非常普通，但在一个少年犯心里，却有着非同寻常的意义。作者选取这个点，写出一个小小少年犯渴望被关爱，渴望过正常人生活的内心。

智慧心语

> 人人都需要关爱，尤其是那些备受冷落、缺少温暖的人，更渴望得到别人的关注，得到生活的阳光。对于那些误入歧途或生活处于艰辛的人，多给一点帮助，少一点歧视，就是给予他们的关爱。也许因了这一点关爱，他们的生活会增加很多的灿烂。

给青春一个台阶

丁立梅 [中国]

每颗年轻的心都充满浪漫与幻想，
它们需要的不是严厉管教，而是宽容和体谅。

忘不了我一伸手，她脸上的惊慌，像只受惊的兔子。一抹潮红，像水滴在宣纸上似的，迅捷滴满她青春的脸庞。

那是高考前，学生们都低头在自修，我在课桌间来回转着圈，不时解答一两个疑问。在这期间，她一直目不斜视地坐在座位上，快速地写着什么。

她面前摊着课本，但我还是在那课本下轻易地发现了一张粉红色的信纸，纸上飘着点点梅花，雪花似的。她的字一个个落到那上面，也如同盛开的小花。

我站在她身后看了一会儿，确信她写的东西完全与学习无关。所以，在她即将结束的时候，我含笑地向她伸出手去："给我。"虽是温柔的低声的，但却不容置疑。

她愣怔半天，慢慢把手上的东西递过来。

教室里平静如常，没有学生注意到这一幕。

我把那张纸小心地折叠好，然后又递给她，我笑着说："青春的东西，收好。"

她很意外，吃惊地看我，我俯下身去，耳语般地对她说："老师也曾青春过，这也曾是老师的秘密。"

然后，我直起身来，轻轻拍拍她的肩，对她微笑，然后又对她点点头，我说："看书吧。"

她听话地翻开课本，一脸的释然。

半年后，我收到一封从一所名牌大学寄来的信，是她写的，信纸是我见过的那种，粉红色的，上面飘着点点梅花，雪花似的。

她在信中写道："老师，感谢你用最美丽的方式，保留了我青春的完整。当时我以为我完了，我不敢想那后果，我以为接下来该是全班同学的嘲笑，该是校长找我谈话，该是家长到学校来。真的那样之后，我还能抬起头来吗？我不敢想象还能心态正常地参加高考。"

最后她写道："老师，谢谢你。谢谢你给了我一个台阶，一个最堂皇的理由。"

青春的岁月里，原是少不了一些台阶的，得用理解、用宽容、用真诚去堆砌，一级一级，都是成长的阶梯。

作文技巧

素描法使文章轻灵感人 文章通篇简单勾勒，勾出一个青春的故事，带有朦胧的色彩，再配上行云流水般优美的文字，使整篇文章看起来好似一幅素描画，又充满青春气息。

智慧心语

> 给处于青春期的孩子一个台阶，这是明智的选择。如果粗暴地管制，那往往是适得其反。其实，生活中到处都需要台阶，亲人之间，朋友之间，甚至陌生人之间，都需要一个宽容、体谅、真诚的台阶。有了这样一个台阶，我们会少一些矛盾，多一些和谐。而这样一个台阶，有时需要别人给我们，有时也需要我们给别人。

那时年少太轻狂

刘敏波［中国］

年轻的目光，总带着苛刻，不肯给一点体谅。

而到长大了，才知道那是轻狂。

读大一的时候，讲"现代文学"课的老师是个刚毕业留校的本科生。就年纪来说，他比我们大三四岁，就知识来说自然比不上硕士和博士，讲课的水平也就难以让人满意。尤其是他那口纯正的"山区普通话"，听起来让人很是别扭。

于是，不满的情绪开始在班里蔓延，先是有人逃课，然后上课讲话的人日渐增多，接着有人在课堂上打呵欠，声音地动山摇。老师不闻不问，依然认真耐心地讲着他的课。最后，我们实在忍不住了，联名写了一封信，在课间休息的时候夹在他的备课本里。信件的内容我已经记得不很清楚了，只记得信件最后写着这样的话："如果水平不够，就不要上这个讲台；如果普通话说不好，可以先从拼音学起。"

上课的时候，老师一翻备课本把信件一看脸就红了，坐在前排的我明显地发现他的手在颤抖。老师低头沉思了半天，然后昂起头把信件念了一遍，最后说："我知道，我的水平不够，但我每讲一节课都是准备了很长时间，查阅了很多资料的，只不过我不善于表达而已。我想，需要你们给我一段时间，我会努力的。"

我们面无表情地听着他的陈述，没有一个人做出回答。然后，我们默默地看着他收拾好备课本，仓皇地逃出教室，在门口那儿，他被门槛绊了个趔趄，几乎摔倒，班里发出了一阵哄笑声。

几年之后，我们都参加了工作，由于师范专业的性质，大多做了教师。我发现，当自己辛辛苦苦备好课，在课堂上讲得口沫飞溅，竟然有学生在那儿窃窃私语的时候，失望心酸的感觉一瞬间遍布全身。这时，我才陡然想起读大学时做的那件蠢事，那时候我们可不仅仅是窃窃私语，那该让老师心酸多久啊！

后来，我到校友录看同学们的留言，最上面写着这样一句话："老师，请原谅我，那时年少太轻狂！"后面的回复，是一排排的像利剑般的感叹号。

作文技巧

角色转换、换位思考使文章真实而深刻 做学生时自以为有理由指责老师的无能，而到己为人师后才知道为人师的艰辛，这种角色转换后的思考和顿悟使认识更加深刻和透彻。

智慧心语

金无足赤，人无完人。每个人都会有缺点和不足，如果只盯住别人的缺点不放，苛刻要求，这本身也是苛求者的缺点。所以学会宽容和体谅，不仅是给别人一个台阶，也同时提高了自己的个人修养。宽容了别人，也宽容了自己。体谅了别人，也体谅了自己。

女儿出走

林君 [中国]

> 长大的儿女就像风筝一样，希望飞上天去，
> 但线却攥在父母手里。扯一扯线，风筝就会回过头来。

一个女孩负气离家出走，母亲看见她留下的纸条，第一个念头就是去派出所报案。但这时电话响了，是孩子父亲打的。父亲听了这件事，沉默半晌，说："不要闹得满城风雨，那孩子自尊心极强，等等吧。"

女孩业余爱好是上网，父亲虽然不知道她常去的网吧，但有她的一个电子邮箱，于是给她写了封信："我知道你生气藏起来了，我估计也找不到你，就让你安静地回味一下过去的快乐和苦恼吧。"

一天过去了，女孩没有回音。母亲很着急，所有的亲戚朋友家都问过了，没见到女儿。她又想给女儿同学打电话询问，被父亲拦住："不要让他们知道，孩子以后得上学，那时她面对老师和同学会成为'另类'。明天一早，你去学校撒个谎，帮孩子请一周病假。"

当晚，父亲又给女儿发了一封电子邮件："呵呵，我猜到了，你正在上网，对吗？注意啦，墙那边的屋子里正坐着老爸——我！不信，你去看看。"

夜里11点，女儿终于有了音讯，一封给父亲的"伊妹儿"："我们相隔万水千山，好自由的感觉！我要独自闯荡世界，像三毛那样浪漫地流浪四方！"母亲一看，眼泪当场冒出来。父亲却笑着说："这是曙光啊，说明孩子想我们了，否则，又何必说这些？"父亲当即复信：

"坚决支持你的伟大行动！我为有这么一个充满激情与幻想的女儿而骄傲！老爸年轻时是个诗人，多想像你今天这样走出去啊，但没有决心，太惭愧了……"

第二天上午，父亲的电子邮箱里静静地躺着一封信："老爸，不要惭愧，现在行动还来得及。我想先创业，然后接你过来玩。"父亲赶紧回复道："你创业成功时，我也老喽，走不动喽！"

10分钟后，女儿的回音来了："我初步预计，创业要10年，那时你55岁，还没退休呢！"父亲看了，故意不答复，等到午饭后才上网回信："不行啊，老爸今天淋雨了，全身难受，到55岁，身体可能更弱。你买伞了吗？"下午，接到女儿回信："不要紧，雨淋不着我，我不出门。"父亲阅后，对妻子说："好了，女儿现在很稳定，我推测她没出城，可能住在旅馆里。让她疯两天，一切自理，过不了多久，就会累得想家。"

晚上，女儿又来了封短信。这次父亲以妈妈的口吻回答她："孩子，你爸爸淋雨后全身难受，发高烧，住院去了。妈现在没时间跟你联系，得去医院陪护他。再见！"

果然不出所料，女儿在第二天的"伊妹儿"中关切地问："爸爸的病好些了吗？"父亲一笑，关上电脑，不予理睬。午饭时分，电话铃响了，父亲示意母亲接，说："告诉她，爸爸烧糊涂了，老是念叨女儿。说完就挂！"母亲照办。

傍晚，楼梯口传来熟悉的脚步声。父亲赶紧躺床上，母亲按原定计划准备迎接女儿。"笃笃笃"，有人敲门。透过猫眼瞅，是女儿。母亲轻轻开了门，对女儿摆摆手："小声点儿，你爸在睡觉。"女儿一脸疲惫，放下包裹，蹑手蹑脚走进里屋，见爸爸安静地躺着，泪水"哗"地涌出来……

事后，父亲说："孩子一个人在外边吃点儿苦，是迟早的事，阻拦她只会适得其反，何不顺水推舟，让她去锻炼一回呢？"

作文技巧

对比手法使文章大放异彩 女儿离家出走，母亲欲步步紧逼，而父亲却欲擒故纵，按部就班地采取对策，逐渐掌握了主动权。这种对比显出父亲的独到之处，也正是文章的成功之处。

智慧心语

年少的心，总是充满叛逆，希望挣脱所有的束缚，自由自在地飞翔。但父母却是我们永远都挣脱不掉的"束缚"，因为那是"根"的所在。也许在生活中，父母对于我们的叛逆没有给予足够的体谅，也没有采取明智的方法，但我们还是需要给父母一些体谅，因为他们所做的一切都是为了让我们好好成长。

窃读记

林海音 [中国]

知识是海洋，我们永远都学不完。
爱也是海洋，在爱的海洋里，我们能学到更多的人生智慧。

转过街角，看见三阳春的冲天招牌，闻见炒菜的香味，听见锅勺敲打的声音，我松了一口气，放慢了脚步。下课从学校急急赶到这里，身上已经汗涔涔的，总算到达目的地——目的地可不是三阳春，而是紧邻它的一家书店。

我趁着漫步给脑子一个思索的机会："昨天读到什么地方了？那女孩不知以后嫁给谁？那本书放在哪里？左角第三排，不错……"走到三阳春的门口，便可以看见书店里仍像往日一样地挤满了顾客，我可以安心了。但是我又担忧那本书会不会卖光了，因为一连几天都看见有人买，昨天好像只剩下一两本了。

我跨进书店门，暗喜没人注意。我踮起脚尖，使矮小的身体挨蹭过别的顾客和书柜的夹缝，从大人的腋下钻过去。哟，把短发弄乱了，没关系，我到底挤到里边来了。

在一片花绿封面的排列队里，我的眼睛过于急切地寻找，反而看不到那本书的所在。从头来，再数一遍，啊！它在这里，原来不是在昨天那位置上。

我庆幸它居然没有被卖出去，仍四平八稳地躺在书架上，专候我的光临。我多么高兴，又多么渴望地伸手去拿，但和我的手同时抵达的，还有一双巨掌，10个手指大大地分开来，压住了整本书："你到底买不买？"

声音不算小，惊动了其他顾客，全部回过头来，面向着我。我像一个被捉到的小偷，羞愧而尴尬，涨红了脸。我抬起头，难堪地望着他——那书店的老板，他威风凛凛地俯视着我。店是他的，他有足够的理由用这种声气对待我。

我用几乎要哭出来的声音，悲愤地反抗了一句："看看都不行吗？"其实我的声音是多么软弱无力！

在众目睽睽下，我几乎是狼狈地跨出了店门，脚跟后面紧跟着的是老板的冷笑："不是一回了！"

不是一回了？那口气对我还算是宽容的，仿佛我是一个不可以再原谅的惯贼。但我是偷窃了什么吗？我不过是一个无力购买而又渴望读到那本书的穷学生！

在这次屈辱之后，我的心灵确实受了创伤。我不再去书店，许多次我经过文化街都狠心咬牙地走过去。

但一次，两次，我下意识地走向那熟悉的街，终于有一天，求知的欲望迫使我再度停下来，我仍愿一试，因为一本新书的出版广告，我从报上知道好多天了。

我再施惯伎，又把自己藏在书店的一角。当我翻开第一页时，心中不禁轻轻呼道："啊！终于和你相见！"

这是一本畅销的书，那么厚厚的一册，拿在手里，看在眼里，多够分量！受了前次的教训，我更小心地不敢贪婪，多去几家书店更妥当些，免得再遭遇到前次的难堪。

每次从书店出来，我都像喝醉了酒似的，脑子被书中的人物所扰，跟跟跄跄，走路失去控制的能力。

"明天早些来，可以全部看完了。"我告诉自己。

可是第二天走过几家书店都没看见那本书，像在手中正看得起劲的书被人抢去一样，我暗暗焦急，并且诅咒地想："皆因没有钱，我不能占有读书的全部快乐，世上有钱的人那么多，他们把书买光了。"

我惨淡无神地提着书包，抱着绝望的心情走进最末一家书店。昨天在这里看书时，已经剩下最后一册，可不是，看见书架上那本书的位置换了另外的书，心整个沉了下去。

正在这时，一个耳朵上架着铅笔的店员走过来了，看那样子是来招呼我（我多么怕受人招待），我慌忙把眼光送上了书架，装作没看见。但是一本书触着我的胳膊，轻轻地送到我的面前："请看吧，我多留了一天没有卖。"

啊，我接过书羞得不知应当如何对他表示我的感激，他却若无其事地走开了。被冲动的情感，使我的眼光久久不能集中在书本上。

当书店的日光灯忽地亮了起来，我才觉出站在这里读了两个钟点了。我合上了最后一页，然后抬头找寻那耳朵上架着铅笔的人，好交还他这本书。在远远的柜台旁，他向我轻轻地点点头，表示他已经知道我看完了，我默默地把书放回书架上。

我低着头走出去，黑色多皱的布裙被风吹开来，像一把支不开的破伞，可是我浑身都松快了。我忽然想起有一次国文先生鼓励我们用功的话："记住，你是吃饭长大，也是读书长大的！"

但是今天我发现这句话不够用，它应当这么说："记住，你是吃饭长大，读书长大，也是在爱里长大的！"

作文技巧

生动的心理描写是文章出色之处　从被拒绝到被关照，通篇大部分文字都是作者的心理自述，这种心理描写正暗合了一个"窃"字，也写出了"窃读"过程中激动、忐忑的真实心理。

智慧心语

在成长与求学的路途中，我们会遇到一些困难和阻碍，但千万不要放弃求知的理想。因为只有你的好学才能打动人心，只有你求知的真诚才能让人伸出一双双援助之手，甘愿为你铺路。所以如果有人给你学习上的帮助，那是出于对知识的尊重，这种帮助也只送给那些勤奋好学的人。

请假条

钟雨楠 [中国]

一个要逃课，一个要制止逃课，这是学生与老师之间的较量。
有的时候学生觉得自己赢了，其实他还是输了。

那是大二下半学期的事了。教我们英语泛读的是一位认真的老太太，教学很有特色。可惜我除了表面上对她表示尊敬外，并不欣赏她的慢条斯理，上课时我常常缩在最后一排，看自己的书，干自己的活。我不是一名好学生，幸好她没那么认为，否则准提问你没完。虽然我不爱上她的课，甚至有些害怕上她的课，但还没有逃过课。

有一天，我实在不愿待在教室，就写了一张请假条托同伴交给老太太。

亲爱的先生：

很遗憾，我没去上您的课。也许有人告诉您我去了医院看病——事实上，人总有各种各样的病。但是，坦率地承认，我真的没有做好上课的准备，因为我不得不花许多精力去干某些更重要的事。我知道要在短期内提高英语水平是不可能的，我也知道不先预习而上您的课是没有意义的，我当然知道，要得到某些东西必须要失去另外一些东西，您说我逃课也好，病假也好，反正事情发生了。

您的学生即日

上课铃响过，我在远处望着自己的教室，想象着老太太收到这张假条的神情：发怒？置之不理？觉得非常有趣？课后，有同伴捎话，老太太让我去她办公室。这时，我才感到自己有点过分了。当我敲她办公室的门时，简直有些害怕，尤其想到她那严厉的目光透过老式眼镜令人不安。我走进办公室，老太太不在。同室的先生见我找她，便指了指她的办公桌上留下的纸条。我看着纸条，不觉有些脸红。

亲爱的学生：

很遗憾，我没等到你来。也许有人会告诉你我去了医院看病——事实上，人总是有各种各样的病。但是，坦率地承认，我真的没有做好和你交谈的准备，因为我不得不花许多精力去干某些更重要的事。我知道要在几分钟内改变你的观点是不可能的，我也知道不先做准备和你交谈是没有意义的，我当然更知道要得到某些东西必然要失去另一些东西。反正事情发生了，谁也不欠谁的。可是有一点你必须明白，你现在所学的是基础，是建造任何大厦的地基。

你的老师即日

作文技巧

对称手法使文章颇具特色 两张纸条，一上一下，一呼一应，使文章具有一种对称美。而同时文字诙谐有趣，别具一格，尤其是老师那张纸条，虽然大部分文字模仿了前者，但更具有一种震慑的力量。

智慧心语

在教与学的过程中，老师和学生经常是对立的。聪明的老师总会用一些高明的技巧来对付学生的调皮，消除对抗；而聪明的学生也一点即通，不会过度放纵自己的叛逆和我行我素。而实际上，我们也确实需要控制自己的任性，毕竟，课堂上的知识是我们所学的基础。

让我流泪的香橡皮

纪广洋 [中国]

那年那月，你我同桌，我们之间画了"三八线"。
那年那月，你我同桌，我们都为一件小事泪流满面。

初二开学那天，按高矮个重新分座，我和同村的纪翠兰成了同桌。她是个漂亮且优秀的女生，但令人遗憾的是，学习成绩名列前茅的翠兰，家庭状况却最糟糕。在她刚出生不到一个月时，母亲因为忙于麦收而被暴雨淋湿，从此落下了病，常年药不离口；在她考上初中入学的第三天，父亲去集上给她买自行车，回来的路上，刚买的自行车车闸失灵，父亲跌入深壕摔断了大胯和腿骨，一年后还离不开双拐。这样一折腾，她家的情况就可想而知了。看吧，在我们校园里，没有哪个女孩子比翠兰更清秀，也没有哪个女孩子比她穿戴得更寒酸。在学习中她也最节省、最俭朴，买个练习本总先用铅笔在正反面写，再用钢笔覆盖一遍，她甚至捡一些瓶塞、管头等橡胶制品代替橡皮来用。

那天，我买了两块包装精美的橡皮，准备送给翠兰一块。午休，我乐呵呵地跑进教室，正好只有她一人在。我把那块橡皮放在她面前的书上："送给你的。"她抬头看了看我，犹犹豫豫地拿起橡皮："你干吗买这么贵的橡皮？我才不要呢。"我怕伤了她的自尊心，就说："既然买了，你就收下吧。我去买橡皮，一看挺好的，就给你捎了一块。"

"这样说我就收下了，"她下意识地摊平了手，"多少钱一块？"

"我就不能送给你一块小小的橡皮吗？"我一听她问价格，心里猛然涌起一种说不上来的滋味，提高了嗓门说，"咱俩同村、同姓、同族、同辈分，按出生年月我还得叫你姐姐哩，又没有别的意思，又不怕别人说闲话……"

"你不怕，我还怕呢！"她也提高了嗓门说，"我知道我家穷，可我凭什么要你的东西！我用不着别人可怜我……"就在这时，几个同学说笑着走进教室，我不便再和她理论，就顺手拿起她那本书盖在橡皮上面。她神情复杂地凝视我一阵，便趴在桌上不动了。

班主任宣布下午全体同学到操场上清除杂草。翠兰离开座位前，用书把橡皮推过了"三八线"。我装作没看见，与同学一起走出了教室。就在操场上的杂草清除得差不多时，有同学发现翠兰的手上有血（她揪一种三棱草时划伤的），班主任就让她去清洗一下，提前回教室。10分钟后，我先同学一步回到教室，看到她的手已止血，就没再说什么。这时，翠兰忽然问我："记得那块橡皮吗？你没收起来，怎么不见了？"我以为她改变了先前的主意，又乐意收下那块橡皮，才和我这样幽默一下。我便以一种无所谓的口吻说："不见就不见吧，不见就对了。"

"你这是啥意思？"翠兰表情忽然严肃起来，一副焦灼万分的模样，"那块橡皮真的不见了！"看她那认真相，我才意识到橡皮真的不见了。可我一时又找不出原因，就暂且找缘由安慰她说："或许哪个同学拿去看了……"

"哪个同学能拿去？所有的人都去了操场，况且是咱俩最后出去的，而我又是最先回来的……"翠兰说着说着竟有了哭腔，"今天是怎么啦？真是见了鬼了不成……"

这时，已有同学陆续走进教室。我说："明天再说吧。也许当时都忙着出去，忘记了具体细节了。"翠兰不说话了，眼里却凝聚着浓重的疑云。

放学后，在回家的路上。我一遍遍寻思：这件奇怪的事还没有结束，明天翠兰还会提起。她的心够苦了，不能让她遭受这不白之冤。思来想去，我急中生智……跑到商店再买一块同样的橡皮，就说我昨天顺手放到兜里了……

第二天，我在去学校的路上追上翠兰，没等她发话，我就哈哈笑着从口袋里掏出两块一模一样的橡皮，装样子说："哎呀，我真糊涂，回家一摸口袋，两块都在里面……"

"你胡说！"翠兰停下自行车，一边掏书包一边说，"那块橡皮在我包里呢。是我不留神把它夹在书里面的，回家一掏书，就掉在地上……你说实话，是不是跑到商店里又买了一块？"

我只好不打自招："昨天，我也弄不清橡皮是怎么不见的，怕你惦记，就……""别说了，"翠兰半嗔半怨地笑起来，"其实这事儿全怪我，我太执拗、太不近人情了，才惹出这样的误会。让你受委屈了，请你原谅。"

我嘿嘿地笑了，笑着笑着眼睛就开始发涩、发热……而让我真正不能自已地流下眼泪的，是在两天之后的物理课上。

那天上物理课，赵老师手里拿着一块精美的橡皮，径直朝我走来，嘴里还不停地嘟囔着："前天你们在操场劳动时，我从教室窗外经过，偶尔看到放在你课桌上的这块四四方方的新橡皮，就联想到我正为初一准备的浮力课，打算用它做个试验，看把它放在水中能浮出几分之几……没耽误你用吧？"

赵老师回到讲台上，目瞪口呆的我也重重地坐下了。我想，我肯定是流泪了，不然，翠兰怎么一边夺我手里的橡皮一边这样说："两块橡皮我都要，四块橡皮也都要……别哭了，好吗？"说着说着，她竟也泪流满面。

作文技巧

波澜起伏，曲折动人 文似看山不喜平。小小的一块橡皮，却由两块变成了三块，又变成了四块，真是一波刚息，一波又起，这波澜起伏中荡漾着同学之间那纯真感人的情谊。

智慧心语

纯真的友情犹如山间清风，夏日香荷，有时淡淡的，有时浓浓的，令人陶醉，也令人感动。同学、朋友之间多一些帮助，多一些体谅，友情的暖流就会在这些帮助和体谅间来回流动。

13岁，妈妈祝贺我失恋了

詹蒙 [中国]

在成长的岁月里，母亲是为我们导航的舵手。
假如我们迷失了方向，母亲会用她的力量帮我们找准航向。

我母亲叫直子，却给我取了一个非常时尚的名字叫安娜。我与母亲像朋友，她从不拿大人的气势来压我，总是对我说："甜心，我们坐下来商量一下好不好？"她对我的烦恼总有办法。

可那一次，我真的觉得"没办法"了，因为我失恋了。

在我13岁的时候，我第一次经历失恋的痛苦，我颤抖着声音向邻班英俊洒脱活像刚出道时的木村拓哉的牧野君表达了爱慕之意后，他冷冷地对我说："谢谢你的感情，我很高兴，但我没有那个意思，对不起。"多么冷漠的外交辞令！那一刻，我恨不得找一个地缝钻进去。从那以后的几天里，我恍恍惚惚：上生活课，我把面粉倒进了咖喱粉里；上体育课，我没换运动裤就要进体育馆；上国语课，我忘记了带课本；好朋友放在我这儿的两张松田圣子东京武道馆的音乐会票，竟被我弄丢了，被人埋怨了好一阵子。

一天早餐桌上，妈妈"直子女士"开始在我面前打着哑语手势——对付心不在焉的我，她总是这个样子。任她怎么比画，我都提不起精神，于是，她在我的耳边大声喊："你不是感冒了吧，长智慧了吗（日本的说法：孩子发烧是长智慧的表现）？"我没反应。这一下，"直子女士"意识到了问题的严重性，低声说："嗨，不是失恋了吧？"

这个"失恋"一词忽然惊醒了我。我瞪着眼问她："你怎么知道？"这下子泄露了天机，妈妈先是惊奇地瞪大了眼睛，然后笑了起来，露出一口漂亮的牙齿，说道："祝贺你，我的宝贝，你终于失恋了！"

我简直不敢相信自己的耳朵！天底下竟有这样的母亲，女儿失恋，她还要道喜！"直子女士"意识到了自己的失言，跑到我旁边的椅子上坐下，搂住我的肩膀说："安娜宝贝，你别误解妈妈的意思，天下哪有比我跟你爸爸更爱你的人？不过呢，我这么讲是有我的道理的。好吧，今天我们好好聊聊。"

在一家咖啡馆坐下，妈妈为我叫了一杯奶咖啡。我沮丧地低着头，提不起精神。她开口问我那个男孩子是怎样的人，我形容了一番。妈妈说他太可爱了，怪不得我的女儿这样喜欢他。我说，我现在觉得他又无情又冷漠，一点儿也不可爱。妈妈说，这也对。我问她，她到底站在哪一边？她说，她当然支持安娜。对于她来说，安娜才是天下第一女孩。

我说："我觉得自己真是个没有魅力、笨极了的女孩。"妈妈说："那好，你把自己的缺点都说出来吧。"我说，我太瘦，像虾米；妈妈说，你的双腿颀长是块模特的材料。我说，我的牙齿稀疏、不整齐；妈妈说，我们可以帮你矫正。我说，我的声音难听，唱卡拉OK像乌鸦，我多么希望自己能像松田圣子一样，有一副磁性的嗓音；妈妈说，你会弹一手好钢琴，连她都会自愧不如。我说，我很笨，竟然看不出那个男孩不喜欢我；妈妈说，那个男孩才笨，竟然把这么一块珍宝放弃。我说，妈妈，你太抬举我了；妈妈说，你说的也对也不对。

妈妈最后对我说："安娜，初恋是最美的，然而也有苦涩。将来有很多事情你会忘记，但这件事你将永远不会忘记。这是你第一次面对挫折，是一个难得的成长机会。我祝贺你，就是出于这个原因。安娜，你还是一枝含苞待放的玫瑰，还没达到绽放的最美丽时刻，凡人看不到你的价值，没有关系。等你长大成人的那天，你一定会碰到冥冥之中等你的人：就像我和你爸爸一样。"

一股暖流涌遍了我的全身。我问妈妈，你也失过恋吗？她大笑说，那当然。我问她当时的感觉，她说，就像天塌了一样，她趴在被子里哭得天昏地暗。后来，外祖母到了她的房间，打开窗子，对她喊道："直子！我们给你取名直子，就是希望你无论遇到什么事都擦干眼泪向前走。你看，太阳出来了，新的一天开始了。"

妈妈说，她一直不能忘记外祖母的话，今天，她将把外祖母的话传给我。我的眼泪止不住地想流出来。我问妈妈，可以哭吗？妈妈把皮包里所有的面巾纸都拿了出来，对我说："安娜，哭吧，痛快地哭吧。"

几天过后，妈妈开车来接我，把我拉到了横滨五子饭店。她对大厅里弹着钢琴的女孩耳语了几句，那女孩笑着停了下来，对我说："请吧。"

"直子女士"拉着我的手，在钢琴前坐下说："安娜，勇敢些，把你最拿手的肖邦的曲子弹出来。"我咬着嘴唇，红着脸，坐在了钢琴前。我忘记了时间，完全沉浸在了那个钢琴天才与乔治·桑失恋的创痛里，当我停下来的时候母亲带头为我鼓掌，然后大厅里的人都受到母亲的感染，为一个穿着学生制服的女孩热烈鼓掌喝彩。我感受到了一股从未有过的胜利的喜悦。

再次见到牧野君的时候，我向他点了点头。当他走过我身边的时候，我的心稍稍地刺痛了一下，但我承受住了那种疼痛，感觉那种疼痛里还有一点甜。我知道，那是妈妈说的，青春的感觉，是的，千真万确。

作文技巧

选点巧妙，立意新颖 "恋爱"几乎是少男少女成长过程中必经历的事情，作者没有将一话题视为禁区，而是公开用妈妈开导女儿的方式写出恋爱少女心中的感受，以及失恋对她成长所起的作用，读来真实感人。

智慧心语

在成长过程中，我们会遇到各种各样的挫折，包括失恋。而在学会应对这些挫折的同时，我们就会成熟一些，长大一些。不要让痛苦的泪水迷住我们的眼睛，乌云过后总会有阳光。正视自己，也学会肯定自己，你会在痛苦里品尝到一点甜的味道，那是成长的味道。

15岁的冬天

于心亮 [中国]

年少的心是刚硬的，甚至硬得像铁石一样。
但只要碰到爱的温暖，它就会慢慢融化。

我在15岁的冬天身上带上了刀子。我想：谁再胆敢动我一指头，我就白刀子进，红刀子出！

刀子硬硬地掖在我的腰里，它使我的腰板挺得很直，我冷冷地睥睨出现在我面前的每一个人，我用眼睛对他们说：不怕死的，来吧！

下雪了，雪花纷纷扬扬，把地面铺得很厚。我站在雪地里，是罚站。在期中考试中，我拖了班级的后腿。班主任不仅罚我站，还朝我脸上打了两巴掌。我把一口血水吐进雪地里，殷红点点，像极璀璨的梅花，我狞笑着对班主任说："你再动我一下试试？"班主任于是又打了我两巴掌。就在他转身的时候，我掏出了刀子。班主任见了扭头就跑。然后我走进教室里，狠狠地把目光向一个同学一个同学看去，他们全都不敢迎接我的目光，他们大气不敢喘一口。我说："你们不是喜欢欺负我吗？来吧。"

很快，有人隔着窗玻璃远远地喊我，说校长有请。我隔着衣服把腰里的刀子摁摁，然后踢开教室的门，去了。

校长的办公室很暖，炉火很旺。我瞄着桌上的电话机，想着在动手之前，得把电话线割断。校长在研墨，一下一下。我不知他想干什么，我的手怕冷，放在腰里。

"听说，你会写一手很漂亮的毛笔字？"校长慢慢地研墨，慢慢地说。我不回答，我还是不知道他想干什么。我眼看着校长，耳朵听着窗外。窗外没有人来，只有想象中雪扑簌扑簌落地的声音。我想着吐在雪地中的血水，像璀璨的梅花。

"你为什么要带刀子？"校长问。

"老师常打我，同学们也打我，我告到老师那儿他不管，还说我这样的学生就要揍。"我说着就流下了泪水。

"来，把你所痛恨的人，写在纸上。"校长掂过一支小狼毫笔，微笑着瞧我。

我不动，我不知校长卖的什么药。我看他一头花白的头发，想15岁的身躯可以把他掀倒。炉里煤块"砰"一声响，吓了我一大跳。

校长又笑了。我很生气，我想会怕你不成？写就写！

我在一张张纸上飞快地写下所有我所痛恨的人。我想一个一个把他们杀了！校长一直在朝我的字点头说："好字！"又看着我说："放学后。你，去我家。"

一株腊梅在墙角瘦瘦地绽放，一庭暗香。我吸吸鼻子，惊讶地去瞅我写的仇人的名字，他们全都粘贴在一根根木柴上。校长送给我一把利斧，说："砍吧！"庭院中只有我一个，漫天的雪花中，我嘶喊着，把我满腔的仇恨一斧又一斧飞快地劈下去，我劈得满脸是汗，满脸是泪……

雪花静静地看我，腊梅静静地看我，院外，校长亦在静静地看我……在这个暗香暖暖的小庭院里，我劈了一冬天的木柴。到最后，木柴都变成了筷子。心清气朗的我捧着筷子大笑，校长也捧着筷子大笑。

第二年的初夏，我顺利地中学毕业，并同时考上了地区的卫校。我很高兴。离校的那一天，我跟到校长那里去。我取出刀子，精心削了一个苹果，然后连同刀子一起送给校长。在暖暖的微笑里，我朝头发花白的老校长深深地鞠了一躬！

作文技巧

用特定的环境来烘托故事 寒冷的冬天，大雪纷飞，腊梅送来一庭暗香，文章反复以此环境来渲染故事，烘托出年少的"我"在寒冷的冬季所受的欺侮，更烘托出"我"所得到的温暖。

智慧心语

其实，年少的心都是脆弱敏感的，它再怎么坚硬发狠，都不过是保护自己的一种伪装。这时，如果简单粗暴地对它，那这颗心会更加偏激，甚至会误入歧途。只有给予理解、体谅和关爱，才能让这敏感的心一点点融化，继而温暖自己，也温暖他人。

特别的祝福语

王琼华 [中国]

每一位老师都曾遇到过调皮的学生，每一个学生都曾遇到过循循善诱的老师。在某一个事件里，我们明白什么是为人师表，行为师范。

那年，我调到市一中工作。校长征求了我的意见后，就让我担任初三（6）班的英语老师。校长还特意提醒我，这个班有几个同学特别调皮。

果然，第一节课就有学生向我发难了。我当时问学生："当我说'我很漂亮'的时候，是什么时态呢？"

话音刚落，就从教室一角冲出一句怪怪的叫声："过去时，老师！"一听，我在一些学生的哄然大笑中真的有点尴尬。

因为，我当时已经三十好几了。虽然平日里还是注意化妆打扮，但这个年纪的女人跟眼前这些花季少女相比还真成了明日黄花。只是面对这位同学似乎很刻薄的嘲讽，应该去怎样面对呢？说实话，我心里一时感到十分别扭。

少顷，我平静地说："请同学们稍等一下。"说罢，我匆匆走出了教室。

当我返回教室时，教室里叽叽嘎嘎闹哄哄的。有个同学还伸长脖子看看门外，奇怪地问："老师，怎么校长还没来呢？"

"怎么，还以为老师要去告状，搬来校长训话？你们有什么理由让我这样做呢？"接着，我举起一张相片，"我去办公室找了一张照片。看看吧，这是我十多年前的照片，怎么样？我当时还被男同学捧为'校花'呢。跟这张照片比较的话，如果我还说'我很漂亮'，确实是过去时。过去，我还的确漂亮。十八岁的姑娘一朵花。所以，刚才这位同学说的是实话！"

讲台下鸦雀无声。

我又说："现在坐在这里的女同学，说'我很漂亮'，既是现在时，也是将来时。还有男同学，说'我很帅'，也是如此。"猛地，教室响起了掌声。

这掌声响得好长！

我笑了。甚至，眼睛有点湿湿的。我真的有几分感动，为自己，也为这几十名同学的掌声。我说："同学们，我们继续上课！"

时隔多年，这天是我的生日。一位自称是我的学生的男子上门。他西装革履、温文尔雅的模样，一看就是一个挺有出息的人。不过，他一见我马上有点不好意思。

因为，我开门一看，脱口就说："哟，是你？！"

"老……老师还认得我？"

"放心，我把别人都忘掉也忘不了你！还有，你年前当上了总经理，这事也有同学告诉我了。好，不错！"

于是，我和他笑了。

他说，他打听到今天是我的生日，特意买来了一盒化妆品。他解释着，不贵，主要是表达一下心意。化妆品盒上还有一张生日贺卡。上面写着一句特别的祝福语："衷心祝愿老师永远漂亮——过去时！现在时！将来时！"

他就是说那句"过去时，老师"的学生。

离开时，他深深地向我鞠了一个躬说："谢谢您，老师！您给了我知识，更给了我一种做人的智慧。"

我有一点感动，但接下来他的回话更让我感动。我说："要不，吃了饭再走。"

他说："下一次我请老师吃饭。今天还真有点事，我约好了，等一下带几个人去探望一名烧伤了脸的女员工。我还要告诉她，我不会因为这张脸不好看了，就炒她的鱿鱼。"

我想，当学生的不该念死书，当老师的更不能教死书。我蓦然想起母校的校训："学为人师，行为世范。"

后来，这盒化妆品用完了。但那张写着祝福语的卡片我用精美的玻璃框镶着，一直挂在墙上。

⬤作文技巧▸

出色的对话是文章出彩之处 一点宽容的机智，几句真诚的话语，更显出为人师表的大度，这不仅化解了学生的诘难，也同时在学生心中树立了老师的光辉形象。

⬤智慧心语▸

生活中，我们也常会遇到别人针对我们的弱点而发起的调侃，如果我们恼羞成怒，则会使双方的关系闹僵。而如果我们用宽容的心态，用巧妙的语言来化解这种刁难，则既维护了自己的尊严，又保全了对方的体面，也会让对方认识到自己的失言，这何乐而不为呢？

童年的鞋

蓝猫 [中国]

当童年渐行渐远，供我们怀念童年的，就是童年时穿过的衣服、鞋子……它们也许简陋，但经过岁月的过滤而变得那样珍贵。

冬天到了，满街都是时尚醒目的长靴。我翻箱倒柜地找去年买的那双卡其色羊皮靴，却看到了被细心包裹收藏着的这双布鞋。细细的搭袢，亮亮的金属扣，藏青色的鞋面上，两朵手绣的粉色小花朴素地依偎着搭扣而绽放。布质有着皮质所没有的粗糙纹路，指尖接触到的是简单干燥的温暖。这感觉瞬间就湿润了我的眼睛，鞋子是我上初中那年外婆送的礼物。

第一次穿上这双布鞋上学，我委屈得直掉眼泪，别的女孩都可以穿神气晶亮的皮鞋，而我却穿着如此老土的布鞋。一路上我拼命踢着石子，希望它立刻旧了坏了不能穿了。只过了几天，我就拒绝再穿，理由是弟弟为什么可以不穿。外婆悄然将布鞋收起，她明白我再也不会穿她熬夜密密缝制的布鞋了。

另一双黑色系带子的男式小皮鞋也浮现眼前。

那年我10岁。学校举行亲子联欢会，我要代表同学在会上致辞欢迎爸爸妈妈们，衣服无法选择，是统一的校服；我剪着近似男孩子的短发，任何可爱的发饰都无法点缀其上。于是鞋子就成了唯一能够显扬美丽的亮点——我已经看准了一双橙色的搭扣小皮鞋，也已经和爸爸妈妈反复描述了。但妈妈买回家的是两双黑色系带的男式小皮鞋，小时候几乎所有的服饰我都是迁就弟弟，与他的一样。那晚我拒绝吃饭，为我的橙色小皮鞋而哭泣，为妈妈的偏心而哭泣。

第二天联欢会时，老师为我涂了胭脂和口红，还在我的短发上夹了一只大大的蝴蝶结。掌声中我走到台前，只感觉所有的人都在看我的鞋。对着麦克风，我只说了一句："亲爱的爸爸妈妈们……"委屈和羞怯便哽住了喉咙，所有滚瓜烂熟的台词全都忘了。

我呆呆地站在那里，直到哭出声来。老师冲上台将我拉了下去，那些家长都鼓掌安慰我，可是我的眼泪却一直在流，从学校一直流到家里，流成了一条长长的小溪。

第二天早晨醒来的时候，枕头上躺着那双我魂牵梦萦的橙色小皮鞋。转过脸，看到妈妈温暖明媚的笑容……

现在的马路边再也看不到滚圆的小石子，踢踢哒哒的游戏也一去不返了，买着价钱上千的鞋子时，尽管满足，却再无儿时的兴高采烈。很小的时候外婆就告诉我：鞋子的用途是让脚舒服。但从我有了虚荣心之后，鞋子的功能就不再是让脚舒服。现在我努力让自己不舒服，却只是为了让别人看起来舒服。

开始难过，开始怀念布鞋，怀念无法回归的童年。

作文技巧

回忆式叙述使文章耐人寻味 每双童年的鞋子都包含着一个故事，即使曾经那么不喜欢它，现在看起来都是那样的可爱。因为它代表自己成长的痕迹，同流逝的岁月一样，值得怀念。

智慧心语

儿时，我们已有了爱美之心，喜欢穿漂亮的衣服、好看的鞋子。然而等长大了才发现，过去用过的东西，不管是美丽的，还是简陋的，都是那样的弥足珍贵，因为它们见证了我们成长的历程，是我们成长岁月中不可或缺的东西。所以，要珍惜我们现有的一切，它们陪伴我们成长，对我们来说就是最好的，也是不可替代的。

我是一只鹰

周菁华 [中国]

成长是一种痛的蜕变，这期间要经历无数次的风吹雨打，无数次的无情磨炼，才能使我们的翅膀变得强劲有力。

我，是一只山鹰。

从我出世起，我就知道我是一只鹰。母亲站在巢边，用锐利的目光注视着我，似乎在说："你应该为你的身份感到骄傲。你将成为一只鹰！而你必须对得起自己！"

父母出去的时候，我和哥哥静静地待在巢里，我们多高啊！五色的云彩从身旁飘过，远处的河流波光粼粼，像是一条美丽的带子。身处千丈悬崖，得与清风明月做伴，我心中充满了骄傲。

我渴望着展翅翱翔，拥有蓝天，拥有白云，像父母一样。因为我是一只鹰！

我们的目光日渐敏锐，我们的羽毛日渐丰满，我们的筋骨日渐强劲。我们在巢中跃跃欲试。

一天，我正在遐想中，忽然被一阵恐惧的叫声惊醒。我看到，母亲正在把哥哥推出巢外。我知道，我生命中的第一个考验来临了。我看看母亲，她的眼中有着不舍，有着担忧，但更多的是坚决。我知道，她要她的孩子成为鹰，而不是贪图安乐的麻雀。她知道下面是万丈深渊，但正因如此，她才更要把我们推出去。作为鹰，首先要学会的是拯救自己，连自己都拯救不了的不配成为鹰。

父亲在空中盘旋，看着哥哥摇摇晃晃地飞向地面，却一声不出，毫无伸手相助的意思。

我咬咬牙，双翅一振，双脚一蹬，投身空中。我告诉自己说："我是一只鹰！我要成为最强的！"

我在脑海中努力搜索父母教给我的飞翔的要诀。我用力扇动翅膀，身子渐渐地稳了。风吹得翅膀隐隐生痛，但我不怕，我知道这只是开始。

我终于平稳地降到了地面，我的心在怦怦地跳动。哥哥站在那里默默地看着我，眼中多了一丝成熟。

似乎就在一瞬间，我知道，我已经是一只鹰了。"我会成为一只真正的鹰的！"我对自己说。

父母亲飞下来了，他们的目光中充满了快慰。现在，他们又成了我们慈爱的父母亲。

我庆幸我的成功，但我不敢有丝毫的松懈，我清楚，有许多的东西等待我去学。

我问父亲："如果我们忘了如何飞，直摔下来，你会救我们吗？"

父亲毫不犹豫地回答："不！也许你会觉得这很残酷，但这正是我们家族能够生存下来的原因。真正的鹰是不惧怕任何困难的！"

我们跟着父母飞过雪山，飞过森林，飞过大河。我搏击风雨，我迎接挑战。我翱翔在悠远深邃的苍穹，轻捷而高傲，沉着而坚定；我的身影悄无声息地划过广袤的大地，让一切鼠辈望而生畏。我的目光日益敏锐，我的羽毛日益丰满，我的筋骨日益强劲。我知道，我的未来有风有雨也有雾，但我相信，我会拥有一片湛蓝的天空。因为，我是一只真正的鹰！

⬤作文技巧

比拟手法是文章的独到之处　全篇以鹰的自述来写鹰的成长，实际上也在写人的成长，这种比拟手法真实而不矫揉造作，读来更加真切感人，也颇有借喻意义。

⬤智慧心语

如鹰一样，年少的我们也总要经历一些挫折和磨难才能快速成长，才能变得成熟。所以，对于生活中遇到的坎坷和困难，不用畏惧，勇敢地挑战，让暴风雨来得更猛烈些吧，那是磨炼我们翅膀的工具，也是促进我们成长的阶梯。

一只乌鸦叫恺撒

邓笛 [中国]

人生最重要的是找准自己的位置，演好自己的角色。
如果你娇宠成性，为所欲为，那么最终遭殃的是你自己。

一只小乌鸦从巢里掉到地上，拍打着翅膀，在马路中央挣扎。

它随时有可能被来往的车辆碾死，或者被猫儿当成猎物。于是我把它捡起来带回了家。它的情况很不好，喙上有多处破损，脑袋耷拉着，看样子活不了多久了。但是我和爷爷精心照料，医治它的伤，定时喂它食物，终于它康复了。

我们还它自由，将它放飞。可是它不愿意离开我家。我的家人，甚至我家的宠物用尽种种办法，都没能将它轰走。我们放弃了努力，默许它和我们同住一个屋檐下。我们不知道它是雄是雌，但是根据它勇敢和倔强的性格，给它取了古罗马大帝的名字"恺撒"。

恺撒不但在我家花园寻食甲虫或各种幼虫，而且在我们就餐的时候也会来吃白食。它在餐桌上跳来跳去，直到我们给它也盛上半碗肉和蔬菜。它总是不安分，行为肆无忌惮，不是将报纸啄成碎片，就是碰翻花瓶，或者追咬狗的尾巴。"这只乌鸦太讨厌了，"奶奶看着被乌鸦糟蹋了的万寿菊埋怨道，"你们难道不能把它关在笼子里吗？"

我们试着将它关进了笼子，但是这可惹恼了它。它不停地扇动翅膀，呱呱喊叫，吵得我们头昏脑涨，精神都快崩溃了。我们只好任它在家里继续横行霸道。我们家屋后的林子里也有别的乌鸦栖息，但是它仿佛不愿与它们为伍。爷爷说，它可能与以腐肉为生的普通乌鸦不属一类。然而我认为，恺撒因为习惯了与人平等相处，过上了优越的生活，所以变得势利起来，瞧不起自己的同类了。

渐渐地，恺撒还学会了讲几句人话。它会在屋外的窗台上坐几个小时，然后用喙敲击着窗玻璃，叫道："你好！你好！"它似乎还能从开门的声音判断出是谁回家了，如果是我，它就会跳着跑过来热情地用嘶哑的喉音招呼："你好！你好！"我还教会它站在我的手臂上说："亲亲！亲亲！"这时只要我把头朝它伸过去，它就轻轻地用它的喙在我的嘴唇上碰一下。有一次，姨妈来访我家。恺撒飞到了她的臂上叫道："亲亲！亲亲！"姨妈开心极了，把头伸给了它，得到了温柔的一个吻。但是后来发生的事就不妙了，恺撒对姨妈闪闪发亮的眼镜好奇起来，伸喙去啄，结果眼镜落地，摔成碎片。

越来越多的事实表明，恺撒既不同于宠物，又有别于野生乌鸦。它的行为放荡不羁，甚至危害到我们的左邻右舍。它把邻居的钢笔、梳子、丝巾、牙刷和假牙等偷回家。它尤其钟爱牙刷，我们家的橱柜顶上堆放着它偷来的各种各样的牙刷。几乎每一个邻居都能在我们家找到自己的牙刷。所以那一年我们街坊的牙刷消费增高了，我奶奶的血压也增高了。恺撒还跟踪那些上小卖部的孩子。当孩子们从小卖部里走出来，它就抢走他们手中的糖果。它还对衣架情有独钟。邻居们经常发现晒在院子里的衣服掉落在地上，而衣架却不见了。当然，这些衣架可以在我们家的橱柜顶上找到。

恺撒离经叛道的行为终于给自己酿成了大祸。它在一次偷食邻居家的大豆时，一根忍无可忍的大棒砸在它的腿上。它伤得不轻，腿也折了。我们对它进行了救治，但它伤得太重了，状况越来越糟，先是脑袋无力抬起来，继而整日发不出声音，最后吃不下任何东西。

一天早晨，我发现它死在沙发上。可怜的恺撒！与其说它是死于邻居家的大棒，不如说是葬送于自己不检点的行为。它实在是被宠坏了，不知道这世上每一个生命都有自己的游戏规则。它被我埋在我家的花园里，随葬品是那些它搜集的牙刷和衣架。

作文技巧

托物言志使文章别具一格　全篇在写一只乌鸦的遭遇与所作所为，实际却是借乌鸦来告诫天下被宠坏的孩子不可任意妄为，可谓匠心独运，别具一格。

智慧心语

不管生活是富足的，还是简朴的，父母多少会娇惯我们一些，而我们却不能因为这种宠爱而忘却了自己的位置，错估自己而随意妄为。只有按照作为子女、作为学生或者作为一个社会人而存在应遵守的社会秩序、道德规范行事，我们方能健康成长，有所作为。

再说一百遍

储成剑 [中国]

那一年，你在上铺，我在下铺，一场争吵却让我们成为兄弟。
那是因为你的宽容，才成就了这段美丽的回忆。

那时候我们不过十六七岁，在一所名不见经传的医校读书。睡在我上铺的是一个姓陈的同学。因为肥胖，陈同学每次上下床的时候，总是将床铺弄得地动山摇。

有一天晚上，在他又一次笨拙地向床上攀缘时，我终于忍无可忍，冲他咆哮起来："你个猪，不能轻一点吗？"

我的同学立即停止了动作，整个人僵硬地落在地上。他神态窘迫地扫视了寝室一圈，几个唯恐天下不乱的同学正在窃窃地坏笑。

陈同学随即向我侧过脸来，一脸狐疑地盯着我问道："你刚才跟我说什么？"

我知道我说了一句粗话，"猪"的帽子怎可以扣在人的头上呢？但话又说回来，情急之下谁没有失言的时候啊！老实说，那句话一飞出口，我在心里就懊悔不迭了！

可是，面对陈同学咄咄逼人的质问，我索性摆出一副泼皮的样子，我甚至故意清了清喉咙，字正腔圆地告诉他："你个猪，不能轻一点吗？"

我的话音未落，寝室里已经乱成一片，几个同学互相扮着鬼脸，似乎正在期待一场好戏的开演。

与此同时，陈同学的脸忽地涨成了猪肝色。在他寒气逼人的目光里，我的心猛然间变得瓦凉瓦凉的。我有一种不祥的预感，暴风雨就要来了！

"请你再说一遍！"陈同学吐出这句话时，完全是一副咬牙切齿的样子。似乎只要我再重复一遍那句粗俗之言，他就会将我眼前这个完整的世界愤然击碎。

但在这样的时刻，在众目睽睽之下，我觉得自己已经毫无选择，我想我唯一能做的就是坚强地挺住。于是，我再次故作强硬地重复了一遍那句已让我悔之切切的粗话，同时下意识地捏紧了拳头。

"请你再说一百遍！"陈同学恶狠狠地吼叫起来。

一刹那，所有的人都懵了，我的思维也仿佛凝固了。

不知过了多久，寝室里骤然爆发出一片大笑。那几个原本躲在角落里"观虎斗"的同学，一个个笑得前仰后合、东倒西歪。

我也不知道哪根神经受到触动，也莫名其妙地跟着笑了起来。而那位尚还脸红脖子粗的陈同学，竟也情不自禁地咧开了嘴……

一场剑拔弩张的"战争"就这样夭折了。令人称奇的是，从那以后，我和陈同学竟然成了无话不谈的好兄弟。

时光悠悠，一晃我们已经作别校园十多年了，当年睡在上铺的陈同学如今已在一所知名的医院里担任要职。

回首往事，我常常无限感慨，"再说一百遍"，这样一句滑稽透顶的反击之言，挽狂澜于在即，化干戈为玉帛，这里面蕴藏着多少人生智慧啊！

作文技巧

设置悬念，出人意料 前文一再渲染气氛，似乎一场战争一触即发，然而就在吊足读者胃口之际，情势突转，出人意外地化干戈为玉帛，不禁让人莞尔，文章也收获成功。

智慧心语

同学或朋友之间相处难免会产生矛盾，甚至发生争吵。若互不相让，则矛盾激化，势成水火。而互退一步，却海阔天空，冰释前嫌。所以，学会宽容和体谅才能使友情长久，情谊常在。而多年之后，回想起来，那些矛盾和争吵不过是年少气盛，只有互相忍让才成就了那些美好的回忆。

4 我必须做英雄

我们的肩膀或许还很稚嫩，我们的肩膀或许已慢慢变得结实，但我们都是生活中的强者。面对困难不低头，面对黑暗不退缩，这就是英雄。在通往成功的路上，我们必须做英雄，只有有胆量、有毅力、有拼搏向上的精神，才能披荆斩棘，经受住风雨的磨砺。也许你觉得自己很柔弱，那只是因为你还没有发挥出你潜在的力量和勇气。千万不要否认自己是强者，只要放开脚步，继续努力，曙光就在前方，那，一定属于你！

北大毕业等于0

王文良［中国］

要把工作做得出色，凭的不是一纸学历，
而是踏实肯干的精神、勤奋努力的汗水。

1992年夏天的一个中午，我背着顶新的色拉油产品，从北京西单往菜市口方向行进。这一条路有147家餐馆，我决心用两天时间全部拜访完。每一天74家，每一家用10分钟，每天用十二三个小时，加上路上所用的时间，自己的体力应该能够支撑下来。

这一年的夏天，北京热得有点邪乎，天气预报是36℃，但室外少说也有40℃，比南方都热。我走进一家又一家的餐馆，这些餐馆刚开始都是笑脸相迎，他们以为我是去就餐的顾客。可当我开宗明义地说明来意，有些餐馆的服务员连老板都没让我见到就送客。于是，我走一家总结一家，从介绍这种油对顾客身体有好处，到宣传这种油无烟、卫生、耐炸、省油等。见到老板，我重点介绍它省油；见到大厨，我重点介绍它卫生；既讲原理，又操作示范。我一连走了32家。他们有的留下了名片，有的留下了样品，但没有一家订货购买。

那一天，我头顶着烈日，望着数不清的餐馆，真恨不得把身上的产品摔个粉碎。我甚至发誓，这一辈子再也不进餐馆，再也不当销售业务员！

在北大读书时，大学二年级我就入了党。当时我的理想是当外交部长。毕业后分到市政府机关工作时，我给自己定的目标是两年内当科长、五年内当处长、十年内当局长。但是三年后，当我背着产品搞销售时，我这个立志当外交部长的高材生连外交部大院的门都进不去。

我清楚地记得那次，与外交部联系好了购买顶好色拉油的一笔大生意。这批油是作为机关干部过节的福利待遇。因与我联系的负责人临时有事未在办公室，我在外面整整等了一个多小时。好容易等到人来了，公司送货的车却出了问题。可外交部的通知已经贴出来：上午发油。领油的人已经排成了长队。我急得满头大汗。直到快下班时，油才送到。事后，我把外交部后勤部门的几个人全请来喝酒，自甘罚酒赔礼道歉。我喝醉了，是我一生中醉得最厉害的一次。

有人说，就凭你北大的牌子和高材生的聪明，根本不需要受这般苦。可是我要说，我不清楚别的行业是否这样，我只知道，对搞销售的人来说，绝对不存在任何幸运！在社会这个大熔炉、大考场上，任何金字招牌、水晶招牌、钻石招牌都无济于事，如果没有从零干起的心态和发奋努力，北大毕业就真的等于0。

作文技巧

标题标新立异，吸引眼球 在中国学子心中，北大一直都是神圣的殿堂，而作者却大胆提出"北大毕业等于0"这个说法，绝对具有震撼力，再配以个人经历的实例证明，使文章具有超强的说服力。

智慧心语

任何成功都是从基础做起，踏踏实实，一步一步积累起来的。如果仅凭一纸学历证书就想在成功的路上一劳永逸，那是不可能的，因为社会相信的不是学历，而是能力。所以，我们要培养吃苦耐劳的精神，让我们所受的高等教育真正发挥作用。

把自己推到前台

董保纲 [中国]

成功需要机遇，这机遇不是别人给的，而是自己创造的。
创造机遇，就是创造成功。

他是一位不幸的少年，因为身材矮小，总是被别人忽视。上小学的时候，学校开展小发明比赛，但是班级小组推荐的名单中没有他。于是他找到老师表示愿意参加比赛，老师尽管有些怀疑，但仍答应了他。几天后，他交上了自己的作品——无尘电动黑板擦，这个作品不仅在学校获了奖，还在市里获得一等奖。

上中学的时候，他的身高只有一米多一点。一次，电视台、教育厅、省科协举办"青少年科技创新大赛"。他经过长时间思考后，给电视台打去电话，擅自决定代表自己的学校报名参赛。结果他设计的电动车防滑带获得此次大赛一等奖，为学校争得了荣誉。

2003年12月，联合国教科文组织决定举办一次"全球儿童文化论坛"，在全球每个国家选择一名14岁以上的青少年赴巴塞罗那参加活动。这一次，他又主动报了名，并被列为候选。然而，全国共有120名候选青少年，从中只能挑选一人。组织者把120人分为12个小组，每组选一名代表上台演讲。不幸的是，他没有被小组选上。

当其他选手在台上侃侃而谈的时候，他再也坐不住了，悄悄地靠近一位工作人员说："叔叔，您能不能帮我喊一下台上的主持人？"主持人走到他的身边，他小声对主持人说："尽管没有人推选我，可我觉得我有这个能力，您给我一次机会，我会还您一份惊喜！"主持人和评委沟通以后，终于答应让他上台试一试。这一试，他成了中国唯一的入选者！

2004年3月，他接到了联合国的正式邀请。5月12日，身高只有1.2米的他，作为中国唯一的代表站在了国际论坛上，他的演讲赢得了场内持续热烈的掌声。

2004年12月，法国著名儿童动画片"天线宝宝"制作中心专程赶到中国，为他拍摄专题片。

他的名字叫姚跃，安徽省合肥市三十八中一位16岁的残疾少年。

在接受西班牙国家电视台记者采访的时候，姚跃说："当你被别人忽视的时候，请记住一句话：你自己就是伯乐！"

自己就是伯乐。这句话从一位十几岁的残疾少年口中说出来，分明是一种震撼和力量。命运对他是不公的，他不能以正常人的身高得到应有的关注，然而他却一步步把自己推到了前台，去大胆地迎接别人的目光以及闪光灯的聚焦。当国外众多媒体把"中国最阳光的男孩"的光环戴在他头上的时候，我们懂得了，阳光的形象不在于青春亮丽的外表，而在于他是否拥有积极向上不屈不挠的心灵。

一位身体残疾而心灵充满阳光的少年带给了我们许多启迪：只把希望寄托在别人身上，等待伯乐来发现，无疑是一种被动和软弱，只有自己发现自己，努力把自己推到前台，前面的风景才会是另一番模样。

作文技巧

开门见山，以事说理 文章开篇即列出几个铿锵有力的事实，"把自己推到前台"这一主题不言自明，最后再配以总结性论述，主题得到进一步深化。

智慧心语▶

> 机会属于有所准备的人，更属于知道如何创造机会的人。有时候成功离我们很远，不是因为我们缺乏能力，而是因为我们缺乏自信和勇气。其实，成功就在隔壁，只要你正视自己，勇于展示自己，大胆敲门，这扇门早晚会向你敞开。

打电话

一冰 [中国]

在艰难的处境中，坚持给家人一个笑脸，这不仅仅是一种体贴，更是一种面对生活的勇气。

这是去年春节时我在火车站看到的一幕。

一个普普通通的打工者，在人潮如涌的火车站的一个公用电话亭里，坐在一个破烂的皮箱上面，他一只手拿着一个崭新的但已经记得密密麻麻的电话本，一只手拿着话筒，正在打电话。

"喂，你好！麻烦你叫一下赵波接电话好吗？他不在？那麻烦你给找一下行不行？我有急事找他，很紧急的事！不好找？哦，真对不起！估计他什么时候能回来？说不定？一般是什么时候？晚上？好，我晚上再打，谢谢你啊！"他"哗哗哗"地又翻电话本，找出一个号码，拨通了："是陈小涛吧，我托你的事……现在工作不好找？哦，工资低一点也行，活累点也不算啥，我都没问题！我是今天夜里的车，人太多了，来了三天才买到票，大概后天早上到，我找你还打这个电话行不行？那好，麻烦你操个心，谢谢！谢谢！"

挂了电话，他望着火车站广场上的人潮发了一会儿愣怔，或者是在思考什么问题，然后他又翻电话本，拨通一个电话："喂，是小三吗？哦，对不起，我找王三强接电话，谢谢！喂，小三，你上班没有？已经上班了，怎么样？你们厂还能不能进人？初二人就满了！唉，早知道就不在家过年了。我就知道不好找……你帮我留个心，我到了再给你打电话。好了，再见了！"

"喂，是陈军吗？"他又拨了一个电话，"陈军，是这样的，我准备到广州去打工，可到了火车站，买不到票，一住就是三天，我身上的钱花完了，你能不能借我点钱用，一百块钱就行。那边的工作我已经找好了，一个月八百，拿了工资我就还给你的！你还不相信我？你现在离火车站最近，我只有找你。你……哦，那就算了吧，我再想想办法。"

看来他真的很糟糕，还没到目的地，身上的钱就花光了，工作又没有着落，我寻思着怎么帮帮他。他对着话筒又说了起来："妈，我已经到了，今天早上就到了，已经住在厂里了，真的！你放心！没事的，你看我一到就给你打电话。工资也不低，一个月一千呢！唉呀，别啰唆了，我知道！我知道！我知道！路上累得很，我要洗澡了，洗完澡再好好睡一觉。好了，长途电话很贵的，我挂了啊，妈。"

这是给他妈妈编造的善意的谎言。我向他走去，他又拨通了一个电话，顿时，他满脸都洋溢着喜悦地说："秀秀，我已经到了，工作也找好了。不是他联系的，也不是他……是我一个同学帮联系的，你不认识，那是我一个小学的同学。这厂还可以，挺大的，挺气派！路上没事，一路平安！你放心，我会好好干的！工资可能是一千，以后还会加的。等我拿了工资，一定会接你过来的！我的电话？我刚到还没问……宿舍里也没有，不过我会经常打给你的。我能自己照顾好自己的，你也要照顾好自己。我今年要挣好多的钱，年底回来咱们就结婚……"

　　他眉飞色舞、手舞足蹈、旁若无人地讲着话，全然忘了他已经穷得只剩下了一张单程车票，像真的已经成就了一番伟业。我站在他的身边，越看越觉得他像一个英雄，一个不折不扣的英雄……

●作文技巧▶

用对比手法塑造人物形象　作者从打电话入手，前写他求生计的艰辛，后写他给予亲人的安慰，前后鲜明的语言对比使这个落魄的打工仔形象高大起来。

●智慧心语▶

　　真正的英雄是将痛苦埋在心里，而强作笑颜，让牵挂自己的人放心。当处于逆境时，我们需要这种英雄的气概，勇于面对困难的挑战，勇于承担生活的艰辛，这是一种担当、一种责任，也是我们面对生活应表现的一种坚强。

打开另一扇窗

姜钦峰 [中国]

当命运之神对我们关上了一道门，
我们就要用自己的勇气和力量去敲开另一扇窗。

　　她出生才三个月的时候，医生诊断她患有先天性白内障，就算做了手术，视力也达不到0.1，这等于宣告她一辈子都将是盲人。父母将她遗弃了。刚十个月的时候，姥姥带她去医院做了手术，左眼视力恢复到在1米远的距离，能模糊地看见手指头，而右眼则完全失明，她的世界几乎只有黑暗。

在姥姥的严格管教下，凭着过人的听觉和触觉，她可以单独出门，甚至拿东西也不必摸索。长大后，她进入盲人学校学习钢琴调律，毕业后分配到一家钢琴厂工作。

一天，她乘公交车去上班，照例拿出盲人乘车证。由于从外表很难看出她是盲人，售票员怎么也不相信她，两人发生争执，结果她下车时被车门夹伤了胳膊。半年后，她的伤好了，工作也丢了。

得找份工作养活自己才行，那时北京有20多家琴行，她就一家一家上门去应聘。无一例外，当她介绍自己是盲人时，别人先是惊讶地张大嘴巴，随即把头摇得像拨浪鼓："盲人还能调琴？没听说过。"他们试都不试就把她打发走了。

连吃了几次闭门羹，她有些沮丧，谁让自己是盲人呢，不被人们相信也不足为奇。那天走在大街上，她突然灵机一动，心想反正别人也看不出她是盲人，下次应聘时干脆冒充健全人。

拿定主意，她又来到一家规模较大的琴行，果然，经理没看出她有什么异常，就找出一台琴让她调，她调得很准。经理又找出一台破琴让她修，她很快又将琴修好了。经理大为折服，当即说："没想到你小小年纪又能调又能修，还非常熟练，你明天就来上班，月薪800元。"她暗自扬扬得意，没想到略施小计就马到成功。

哪知道，经理却准备马上让她上门帮顾客调琴。偌大的北京，自己怎么找啊，她犹豫了一阵，只好如实相告："其实我是盲人。"

经理一听，吓了一跳："盲人？真没看出来。我听说过盲人可以调律，但没想到你调得这样好。"经理的这番话让她心里燃起一线希望，于是她趁热打铁地说："盲人做钢琴调律在欧美已有一百多年的历史了，我学的就是欧美先进技术，一定会让用户满意，也能给琴行赢得好的信誉。"

经理接着说："你的技术我看到了，但是你的工作只能是上门为用户服务，钢琴卖到哪儿，你就要走到哪儿。没人带你，你能找得到用户家吗？再说，路上那么多车，要是你在路上被车撞了，我还得负责啊。"经理的话虽然说得直白，倒也合情合理，无懈可击，看来她只有打道回府了。

可她站着没动，稍加思索便反问道："北京一年要发生许多交通事故，到底撞死几个盲人？""不知道。"经理真被她镇住了。

"一个也没有。"

"为什么？"

"俗话说，'淹死的全是会水的。'我看不见就会躲得远远的，汽车来了我就会尽量靠边。要是能上墙头，我肯定上墙了。"

短短几句话有理有据，而且幽默风趣。经理笑着说："没想到你还挺幽默，不过……"

她听经理话锋一转，情知不妙，赶紧说："您先给我一个月的时间去熟悉大街小巷，到时候您再决定要不要我。"话已至此，哪怕是铁石心肠的人也不忍断然拒绝。经理被她的睿智和执著感动了，他说："只要你能胜任，我非常乐意把工作交给你。"

一个月后，她果然熟悉了全北京的大街小巷，顺利地得到了这份工作。她在克服了常人无法想象的困难之后，渐渐地在琴行站稳了脚跟，而且一干就是几年。因为技艺精湛，她的名声越来越大，那家琴行的生意也越来越好。

就在老板准备重用她时，她却冷静地炒了老板的鱿鱼，开始做个体钢琴调律师。如今，她是中国音乐家协会钢琴调律学会注册会员，现任北京陈燕新乐钢琴调律有限公司经理，她就是著名的第一代盲人钢琴调律师陈燕。

作文技巧 ▸

纪实性写作使文章真实感人　文章根据一个真实的故事写成，没有刻意雕琢，而是真实讲述，这比其他精巧的故事更打动人心，也更具激励作用。

智慧心语 ▸

　　生活中总会遇到各种各样的磨难，也许是先天的不幸，也许是后天的挫折，但这些困难都需要我们靠自己的自信和坚定去克服。只要我们拥有坚定的信念，自强不息，生活总会给我们一个重新站起来的机会。我们不会被任何困难打败，除了我们自己。

当遭遇拒绝时

德隆 [中国]

如果你只把遭遇的拒绝看成是闭门羹，那你将永远站在门外。如果你还把遭遇的拒绝看成是一种挑战并迎接挑战，那你将有机会获得成功。

　　一位刚毕业的女大学生到一家公司应聘财务会计工作，面试时即遭到拒绝，理由是她太年轻，公司需要的是有丰富工作经验的资深会计人员。女大学生却没有气馁，她对主考官说："请再给我一次机会，让我参加完笔试。"主考官拗不过她，答应了她的请求。结果，她通过了笔试，由人事经理亲自复试。

人事经理对这个女孩颇有好感，因为她的笔试成绩最好。不过，女孩的话让经理有些失望，她说自己没工作过，唯一的经验是在学校掌管过学生会财务。他们不愿找一个没有工作经验的人做财务会计。人事经理只好敷衍道："今天就到这里，如有消息我会打电话通知你。"女孩从座位上站起来，向人事经理点点头，从口袋里掏出一美元双手递给人事经理："不管是否录取，请都给我打个电话。"

人事经理从未见过这种情况，竟一下呆住了。不过他很快回过神来，问："你怎么知道我不给没有录用的人打电话？"

"您刚才说有消息就打，那言下之意就是没录取就不打了。"

人事经理对这个年轻女孩产生了浓厚的兴趣，问："如果你没被录用，我打电话，你想知道些什么呢？"

"请告诉我，我在什么地方不能达到你们的要求，我在哪方面不够好，我好改进。"

"那一美元……"没等人事经理说完，女孩微笑着解释道："给没有被录用的人打电话不属于公司的正常开支，所以由我付电话费，请您一定打。"人事经理马上微笑着说："请你把这一美元收回。我不会打电话了，我现在就正式通知你，你被录用了。"

就这样，女孩儿用一美元敲开了机遇的大门。

细想起来，其实道理很简单：一开始便被拒绝，女孩儿仍要求参加笔试，说明她有坚毅的品格。财务是十分繁杂的工作，没有足够的耐心和毅力是不可能做好的。她能坦言自己没有工作经验，显示了一种诚信，这对搞财务工作尤为重要。即使不被录取也希望能得到别人的评价，说明她有直面不足的勇气和敢于承担责任的上进心。女孩自掏电话费，说明她思维灵活，并展现了她公私分明的良好品德，这更是财务工作不可或缺的。

⬤作文技巧▸

精彩的对话是文章出色之处　语言是思想的表现形式。本文用出彩的对话来写故事、塑造人物，使文章的主题得到最佳体现。

⬤智慧心语▸

　　生活中遭遇的拒绝也是生活给我们的一个成长的机会。没有哪一扇门是彻底关闭的，只要我们用真诚去敲打，用实力去证明，关闭再紧的门也会为我们敞开。关键在于我们面对拒绝时需要拿出勇气，需要用自信的目光去对视拒绝的目光，并且坚持到底。只有足够自信，才能对抗拒绝。

放大你的价值

张翔［中国］

心有多大，舞台就有多大。在迈向成功的道路上，往往需要先声夺人，出奇制胜，才能最大限度地发挥自己的价值。

这是一个规模很小的食品公司，生产资金只有十几万。但老总却很有信心，在单位的文化墙上写着要做这座城市辣酱第一品牌的豪言壮语，时刻激励着员工的信心。

辣酱上市之前，老总寻思着给辣酱做宣传广告。他本来想在这座城市某个热闹的街头租一个超大的、显眼的广告牌，标上他们的产品，让所有从这里走过的人一下子都能注意它，并从此认识他们的辣酱。

但是当他和广告公司接触后，才发现市中心广告位的价格远远高于他的想象，他那小小的企业承担不起这天价的广告费。

可是他并没有失望，而是不停地到处打探，试图能发掘出哪里有便宜而且实惠的广告位置。经过反复寻找，他终于看好一个城门路口的广告牌。那里是一个十字路口，车辆川流不息，但有一点遗憾就是，路人行色匆匆，眼睛只顾盯着红绿灯和疾驶的车辆。在这里做广告很难保证有很好的效果。打探了一下价格，几万元。老总却很满意，于是租了下来。 对于老总这个举措，员工们纷纷质疑，但老总只是笑而不答，仿佛一切成竹在胸。

原来的广告很快撤下来，员工们以为第二天就能看到他们的辣酱广告了。然而，第二天，员工看到广告牌上根本就没有他们的辣酱广告，上面赫然写着："好位置，当然只等贵客。此广告招租88万/年。"

天哪，这样的价格该是这座城市最贵的广告位了吧。天价招牌的冲击力似乎毋庸置疑，每个从这里路过的人似乎都不自觉地停住脚步看上一眼。口耳相传，渐渐地，很多人都知道了这个十字路口上有个贵得离谱的广告位虚席以待，甚至当地报纸都给予了极大关注……

一个月后，"爽口"牌辣酱的广告登了上去。

辣酱厂的员工终于明白了老总的心计，无不交口称赞。辣酱的市场迅速打开，因为那"88万/年"的广告价格早已家喻户晓。"爽口"牌辣酱成为这座城市的知名品牌。

老总把原先的口号擦去，换成了要做中国第一品牌的口号。一位员工问他："我们还不是这个城市的第一品牌，为什么要换呢？"老总意味深长地说："价值只有在流通中才能得以体现，但价值的标尺却永远在别人手中。别人永远不会赋予你理想的价值，你必须自己主动去做一块招牌，适当地放大自己的价值！"

作文技巧

层层推新，波澜起伏 从想做广告到做什么样的广告，文章层层推新，令人应接不暇，深受激荡。并且文末的结论又似点睛之笔，深化了主题。

智慧心语

适当放大自己的价值，不是夸大其实，盲目自大，而是在吸引别人眼球的同时，为自己树立一个远大的目标，并为之奋斗。其实，一个人或一个企业的价值不是固定不变的，只要你不断努力，不断创造，价值就会不断增大。

后院为谁所有

维琪·霍夫曼 [美国]

坚持是一种力量。有时，成功就需要那么一点坚持。
你坚持下去，你就选择了胜利。

一个喜欢打猎的人买了两只纯种塞特猎犬，并将其训练成优良的捕鸟犬。他把它们关在后院的宽大围栏里。

一天早晨，一只小牛头犬从他家后面的小路一溜小跑下来。它看见那两只狗，就从栅栏下挤进去。

男主人想也许应该把猎狗锁起来，以免它们伤害小狗，但他改变了主意。也许它们能"给小狗一点教训"，他理所当然地想。正如他所料，狗毛开始飞舞，而且全是小牛头犬的毛。那神气十足的闯入者不久就吃足了苦头，又从栅栏下挤了出去，逃之夭夭。

让人惊讶的是，小牛头犬第二天早晨又来了。它从栅栏下爬进来，再次挑战那两只塞特犬。和第一天一样，它很快就被挤出围栏，落荒而逃。

次日，同样的一幕再次上演，小牛头犬得到了相同的结局。

那人因公出差，几周后才回来。他问妻子那只小牛头犬最后怎么样了。

"你不会相信的，"她回答，"那只小狗每天都在同一时间来到后院，与我们的塞特猎犬打架。现在的情况是，只要我们的塞特猎犬听到它在小路上的喷鼻声，就呜呜哀叫着跑进地下室。那只小牛头犬就大摇大摆地在我们后院里到处乱走，好像这里归它所有似的。"

美国励志学家戴尔·卡耐基做出了如下结论："世上多数重要的事情，都是被那些在看似毫无希望的情况下依然坚持尝试的人做成的。"

最后，拥有后院的就是那只坚持不懈的小牛头犬了。

作文技巧

以动物喻人，发人深省 一只瘦小的小牛头犬对抗两只大猎犬，结果却是出人意料的前者获胜，这本身是一个看点。而文章更深的含义还在于以小犬的坚持不懈警示世人，发人深省。

智慧心语 ▶

> 有时，我们失败了，不是我们选择的道路错了，而是我们怕苦怕累，缺乏迎难而上的勇气和坚持不懈的精神。坚持是成功的一半，虽然坚持的过程是艰辛的，但成功的种子也同时在坚持的过程中生根、发芽，而坚持到最后，我们不但会看到光明，还会看到期盼已久的成功之花。

迷路迷出金点子

小欧 [中国]

有时，生活中不经意的一个灵感就是你人生的契机。

抓住这个灵感并付诸行动，你将收获成功。

文川大学毕业后分配到了广州，当时，这个大都市让他感到很新奇，每天下班后就骑单车在大街小巷到处穿梭转悠，想了解一下城市的容貌与人文景观。有一天，他却迷路了。为了搞清自己所处的位置，文川找到就近一家很有名的宾馆，拿出地图来试图对照，让他没想到的是这么有名的宾馆却在地图上找不到。

好不容易回到住处，已是夜里12点了。文川疲劳地躺在床上时，灵机一动：我要是造出一张地图，把全市所有的商业机构都标上，不正好满足了人们的需要吗？那个晚上他兴奋得整夜都没合眼。

第二天，他赶紧把这一想法告诉给他的几个大学同学，其中一个同学不屑一顾地说："你这想法还倒是个商机，可一张地图能赚几个钱呢？"文川当时心里也没底。可他转念一想：一张地图是赚不了多少钱，但要是在地图上标出这些商业单位，让他们来出入选地图的费用，岂不是能赚大钱？

他用最快速度把这一想法做成了一个方案，拿去找一个做文化公司的校友合作。双方一拍即合。方案初步设定每个入选单位出资500元。

文川拿出几份入选地图认刊书到广州几家商业机构去试探，他去的第一家便是当初迷路时在地图上找不到的那家宾馆。宾馆老总听后很感兴趣，不仅愿意出500元钱把自己宾馆的名称标在地图上，并愿意再多加1000元，要求在名称旁边加上宾馆的形象标志。文川拿出第一份签了字的认刊书，心里异常兴奋。

为了加快工作进度，文川把几个大学同学招集在一起，成立了一个工作班子。文川和他的几个同学每天骑着单车，在广州的大街小巷到处穿梭着，只要商业机构有些规模，他们便去登门拜访，尽管有时也会遭到一些单位的拒绝，但文川每天也能跑到7000~10000元的营业额，按15%提成计算，每天的纯收入都过千。

事实证明，文川的设想是独到的也是成功的。广州之外，他去的第一站是清远，只待了一个礼拜，他竟签下了12万元。接着，他又去了汕头、潮州、茂名、湛江及珠江三角一些经济比较活跃的城市。

半年旅游式的奔波终于结出了沉甸甸的硕果，文川的业务提成竟拿了30多万元，《广东省商用地图集》的正式出版也让他成功地掘到了第一桶金。

作文技巧▸

脉络清晰，水到渠成 灵感是创造的源泉。文章按事情发展顺序讲述下去，直叙到底，虽无大的起伏波折，然道理就在故事的讲述中款款而出。

智慧心语

> 灵感常常属于那些有想法的人，只有肯花心思去思考、去琢磨，才会在某一时刻电光火石般冒出一个灵感。否则，脑袋空空，迷上多少次路，那都只是迷路。另外，灵感还需要付诸实践，只有将好的想法不遗余力地付之于行动，才能创造成功。否则，灵感也只是灵感。

命运是动词

威子 [中国]

认定自己奋斗的方向，并坚持到底，命运就掌握在自己手中。假如你迟疑或徘徊不定，那你只有听从命运的安排。

一个俄国男孩16岁打定主意要加入克格勃。

他跑到列宁格勒的克格勃办事处，一位官员告诉他，他们只收大学毕业生和复员军人，大学毕业生最好是学法律的。

男孩决定报考列宁格勒大学的法律系，以便日后加入克格勃。

大学入学考试时，柔道教练力举他去报考列宁格勒金属工厂附属高等技术学校。根据他的成绩，他可以免试被保送，还能免服兵役。

柔道教练特意约见了男孩的父母，父母听了也有些动心，原先支持他考大学的想法开始动摇。于是，他们一起做孩子的工作。

小男孩陷入"两面夹击"的境地。训练场上，教练劝他；回到家，父母劝他。

但是这个男孩太想加入克格勃了，他说："我就是要考大学，就这么定了……"

"万一考不上，你就得去当兵。"

"没什么可怕的，"他坚定地回答，"当兵就当兵。"

服兵役将会推迟加入克格勃，但总的来说，并不妨碍他实现自己的人生计划。

后来，这个男孩如愿以偿地考上了列宁格勒大学法律系，毕业后加入了克格勃，他的人生由此跨入了一个决定性的新阶段。他就是俄罗斯前任总统——普京。

普京的经历让人想起美国前总统老布什说过的一句话："命运不是运气，而是抉择；命运不只是思想，更重要的是去做；命运不是名词，而是动词；命运不是放弃，而是掌握。"

不错，命运是动词，唯有掌准生命之舵，才能驶出花开之境。

作文技巧

讲述真人真事，发挥名人效应　名人在一定程度上引领着社会发展的方向，讲述名人事迹，以此激励人们坚定自己的理想、奋发向上，更具有教育意义和说服力。

智慧心语

在人生旅途中，我们总会面对许多关口，每一个关口都需要做出自己的抉择。如果一味地屈从于他人的意志和准则，随波逐流，那永远也到达不了理想的彼岸。所以，理想需要坚定，需要持之以恒，需要不懈地奋斗，不为其他的诱惑所动，理想才能得以实现。

你知道思想能走多远

杨帆 [中国]

> 有梦想才会有远方，如果你想走得更远，
> 那就放飞你的梦想，并向着它前进吧。

四十多年前，有一个十几岁的穷小子，他自小生长在贫民窟里，身体非常瘦弱，却立志长大后做美国总统。

如何实现这样的抱负呢？年纪轻轻的他，经过几天几夜的思索，拟定了这样一系列的连锁目标：

做美国总统首先要做美国州长——要竞选州长必须有雄厚的财力支持——要获得财团的支持就得融入财团——要融入财团就需要娶一位豪门千金——要娶一位豪门千金必须成为名人——成为名人的快速方法就是做电影明星——做电影明星前得锻炼好身体，练出阳刚之气。

照这样的思路，他开始步步为营。

一天，当他看到著名的体操运动主席库尔后，他相信练健美是强身健体的好方法，因而有了练健美的兴趣。他开始刻苦而持之以恒地练习健美，他渴望成为世界上最结实的男人。

三年后，凭着发达的肌肉和健壮的体格，他开始成为健美先生。

在以后几年里，他逐渐成为欧洲乃至世界健美先生。

22岁时，他进入了好莱坞。

在好莱坞，他花了十年的时间，利用自己在体育方面的成就，一心塑造一个坚强不屈、百折不挠的硬汉形象。终于，他在演艺界声名鹊起。

当他的电影事业如日中天时，女友的家庭在他们相恋九年以后，终于接纳了他这位"黑脸庄稼人"。他的女友就是赫赫有名的肯尼迪总统的侄女。

婚姻生活过了十几个春秋，他与太太生育了四个孩子，建立了一个"五好"家庭。

2003年，年逾57岁的他，告别了影坛，转而从政，并成功地竞选成为美国加州州长。

他就是阿诺德·施瓦辛格。

他的经历让人记住了这样的一句话：思想有多远，我们就能走多远！

作文技巧

顺序井然，脉络清晰 文章按时间顺序来写施瓦辛格的奋斗历程，层层推进，步步为营，写到最后，便正好印证了"思想有多远，我们就能走多远"这一主题。

智慧心语

常言道："有志者，事竟成。"功夫不负有心人。只要有诚心，有抱负，有目标，并努力奋斗，自强不息，就会实现梦想。成功属于有梦想的人，属于那些肯为自己的梦想步步打拼的人。没有梦想，就如同没有目标，走多远的路都没有意义。

坚持住，朵西

王简 [中国]

人生最可怕的不是失败，而是半途而废。
将事情进行到底，即使失败了，我们也是胜利者。

周五下班，我路过一个社区公园。一群四五岁的小女孩正在那儿进行足球赛。连日阴雨，球场泥泞不堪，但孩子们踢得兴致勃勃。场外站满了观众，我也驻足观看。两队实力相当，各有3个技术较好的主力，其他队员都跌跌撞撞，踢得毫无章法，不是被球绊倒，就是把球误传给对手。

上半场双方都没得分。下半场，红队教练换下了2个主力，只留下1个主力守门。蓝队的3个主力还留在场上。实力对比明显改变了，蓝队频频攻入禁区，3个主力对红队大门轮番轰炸。

红队的小守门员是个不错的运动员，但她毕竟不是蓝队3个主力的对手。蓝队接连进了两个球。孤独的红队守门员尖叫、奔跑、冲击，竭尽全力抵抗着。她截住对方前锋，但对手把球传给另外了一个主力。小守门员返身扑救，太晚了，蓝队又一次射门成功。

我离球门很近，能清楚地看到小女孩脸上绝望的神情，她发现自己无法抵御对手，她想放弃。女孩的父母就站在我身边，那位父亲显然是一下班就径直赶来的，西装、领带、皮鞋都还没来得及换下。他不断地向女儿喊着："朵西，没关系！坚持住！"

蓝队攻入第四个球时，我所担心的事发生了。朵西跪在地上哭了起来，大滴无助、绝望的眼泪砸在每个人的心里，咚咚作响。朵西的父亲再也忍不住了，大步向女儿走去。穿着西装，打着领带，他就这样走进了球场，锃亮的皮鞋全被淤泥覆盖了。当着全场观众，他抱起满身泥水的小朵西。我听见他说："朵西，我为你骄傲，你踢得真棒！我想让所有人都知道你是我的孩子。"

小女孩哭着说："爸爸，我挡不住他们，他们进了4个球。"

"宝贝儿，只要你坚持下来，无论他们进多少个球，我都为你骄傲。去把球踢完，他们还会进球的，但是一点儿也没关系，我们知道你是最棒的。"说完他放下女儿，回到场外。朵西的态度变了，她不再担心比分，重新感受到了踢球的乐趣。蓝队又得了2分，但朵西把球还给裁判后，立刻精神饱满地跑回岗位站好，等着比赛继续进行。

生活中人人都是守门员，我们的大门经常被攻破，我们浑身污泥浊水，而对手频频得分。但只要坚持住，我们都是胜利者。因为爱我们的人不会在意，他们永远会为我们骄傲。

作文技巧

精彩的细节刻画是文章出彩之处　文章对小女孩守门失利后的表情动作和父亲进场鼓励女儿的场景都做了细致的刻画，这些细节细致传神，打动人心。

智慧心语

> 坚持把每一件事做完，即使最终失败了，它同样具有完整的意义。而如果我们做每件事都是虎头蛇尾，半途而废，那么我们的人生也是残缺不全的。所以，不要在乎成败，只要坚守自己的阵地，将该做的事进行到底，我们的人生一样精彩。

"333"的故事

鲍伯·布罗克特 [加拿大]

要做好一件事，就要抱着必胜的信念，
集中精力去思考"我该怎么做"，然后付诸行动。

如果你把精力全部集中到"怎样去做到"而不是"为什么做不到"上面，情形会完全不同。

在那场史无前例的巨大灾难降临到巴里的时候，我正在多伦多参加一个周末专家研讨会。那是一个星期五的晚上，龙卷风横扫多伦多北面的一个名叫巴里的城市。这场灾难造成许多人死亡，数百万美元的财产被毁。星期天晚上，我回家途经巴里的时候，把汽车停在路边，去看四周破败的景象。目光所及，尽是些被摧毁的房子和被颠覆的汽车。

同一天晚上，鲍伯·泰姆卜莱顿也经过这条公路。他也像我一样停下汽车，走出车外，看那一片断壁残垣和汽车残骸。只不过，他的想法与我大为不同。鲍伯是泰利米迪亚通信技术公司——一个在安大略省和魁北克省拥有一连串电台的公司——副总裁。他认为我们必须利用电台为这些遭受苦难的人提供帮助。

在接下来的那个星期五，鲍伯·泰姆卜莱顿把泰利米迪亚的所有行政人员都召进了他的办公室。在一张活动挂图的顶部，他写了3个"3"。他对那些行政人员说："从现在开始，你们愿意在3天之内用3个小时为巴里的人们筹集300万美元吗？"房间里顿时鸦雀无声。

终于，有一个人说："泰姆卜莱顿，你疯了。我们无论如何也做不到的！"泰姆卜莱顿说："等一下。我没有问你们是否能够做到或者是否应该做到。我只是问你们愿不愿意去做。"

他们全都说"我们当然愿意"。听了这个回答，泰姆卜莱顿就在那3个"3"的下面画了一个大大的"T"。他在T的一边写下："我们为什么做不到？"然后，他又在T的另一边写下："我们如何去做到。"

"我要在'我们为什么做不到'这一边画上一个'×'。我们不用浪费时间去考虑我们为什么做不到，那没有任何价值。我们要在T的这一边把我们'如何去做到'这件事的每一种方法都写下来。除非我们想出了解决这个问题的办法，否则我们就不离开这个房间。"

房间里又沉寂了下来。

终于有人说："我们可以在加拿大全境用无线电播放一个专题节目。"泰姆卜莱顿说："这是一个好主意。"然后，他把这个意见写了下来。他还没有写完，就有人说："我们不可能在加拿大全境播放一个专题节目，因为我们的电台频率没有覆盖整个加拿大。"这确实是一个客观存在的障碍。他们只在安大略省和魁北克省拥有电台。

泰姆卜莱顿回答道："那是'我们如何去做到'的一个主意。我们先暂时把它放在这里。"

突然，有一个人说："我们可以让哈维·柯克和劳埃德·罗宾逊——加拿大广播公司里最有名气的人物——来主持这个专题节目。"这真是一个具有创造力的建议。

到了下个星期二，他们就成功联络了多家电台，并策划了一个多家电台联合广播行动。在全加拿大，共有50家电台同意参与这个专题节目的联合广播，而且，果然是哈维·柯克和劳埃德·罗宾逊主持了这个节目。他们在3个工作日内的3个小时里成功地筹集到了300万美元！只要巴里的人们能够得到这笔钱，功劳归谁都无所谓。

你瞧，如果你把精力全部集中到"怎样去做到"而不是"为什么做不到"上面，情形会完全不同——你能攻无不克、战无不胜。

⬤作文技巧▶

围绕支点，全线展开 信念是做事的基础，而必胜的信念则是成功的一半。全文围绕3个"3"展开，以必胜的信念去考虑怎么做，又以最终结局的成功实践了3个"3"。

⬤智慧心语▶

在面对难题时，我们经常是把过多的时间和精力浪费在思考它的难度上，也常常自己预先设置想象中的障碍，而否定解决问题的可能。实际证明，这除了阻碍我们前进的步伐之外，毫无用处。只有坚持必胜的信念，集中智慧考虑如何去做到，才能创造成功。而奇迹也通常是在这种信念的支撑下而出现的。

上帝只给他一只老鼠

汤潜夫 [中国]

人生需要激情，需要勇气，需要自信，也需要耐心……
只要你时刻准备着，早晚会厚积而薄发。

这是一位孤独的年轻画家，除了理想，他一无所有。

为了理想，他毅然出门远行，来到堪萨斯谋生。起初他到一家报社应聘，他认为那里有他需要的艺术氛围。但主编看了他的作品后大摇其头，认为作品缺乏新意，不予录用。和所有出门打天下的年轻人一样，他初尝了失败的滋味。

后来，他终于找到了一份工作：替教堂作画。可是报酬极低，他无力租用画室，只好借用一间废弃的车库。没有比这更艰苦的了！每天工作到深夜的他总这么想。尤其烦人的是，每次熄灯睡觉时，总能听到老鼠"吱吱"的叫声和在地板上的奔跑声。也许是太累了，他一沾着地板就能呼呼大睡。就这样，一只老鼠和一位贫困的画家和平共处，倒也使这间废弃的车库充满了生机。

有一天，当疲倦的画家从画板上抬起头时，他看见昏黄的灯光下有一对亮晶晶的小眼睛，那是一只小老鼠。如果是在几年前，他会设计出种种计谋去捕杀那只老鼠，但是现在他不，一只死老鼠难道比活老鼠更有趣吗？磨难已经使他具备了大艺术家所具有的悲天悯人的情怀。他微笑着注视着那只可爱的小精灵，可是它却飞快地溜了，像个羞怯的小姑娘。窗外风声呼啸，可他听在耳里如天籁一般，他感到自己并不孤单，好歹有一只老鼠与他为邻，它还会来的。带着这种信念，他埋头工作。

那只小老鼠果然一次次出现。他从来没有伤害过它，甚至连吓唬都没有过。它在地板上做着各种动作，表演精彩的杂技。而他作为唯一的观众，则奖给它一点点面包屑。老鼠先是离他较远，见他没有伤害它的意思，便一点点靠近。最后，老鼠竟然大胆地爬上他工作的画板，并在上面有节奏地跳起舞来。而他则是默默地享受与它亲近的情意。一段日子后，他们互相信任，彼此间建立了友谊。

不久，年轻的画家被人介绍到好莱坞去制作一部以动物为主的卡通片。这是他好不容易得到的一次机会，他似乎看到理想的大门向他开了一道缝。但不幸的是，他再次失败了。多少个不眠之夜，他在黑夜里苦苦思索，他怀疑自己的天赋，怀疑自己真的一文不值，他在思索着自己的出路。就在他潦倒不堪的某天夜里，他突然想起了堪萨斯车库里那只爬到他画板上跳舞的老鼠，灵感就在那个黑夜里闪了一道耀眼的光芒。他迅速爬起来，打开灯，支起画架，三笔两笔就画出了一只老鼠的轮廓。

于是，历史上最伟大的动物卡通形象——米老鼠就这样不经意地诞生了。灵感只青睐那些肯思考的头脑，这位年轻的画家就是后来美国最负盛名的人物之一——才华横溢的沃尔特·迪斯尼先生，他创造了风靡全球的米老鼠。谁能想到，曾经在那间充满汽油味的车库里生活过的一只小老鼠竟是世界上最负盛名的卡通形象的原型。米老鼠足迹所至，所受到的欢迎让许多明星望尘莫及，也让沃尔特·迪斯尼名噪全球。

对于堪萨斯那间充满汽油味的车库，沃尔特·迪斯尼后来评论它说："至少要值一百万美金。"其实那里什么都没有，只有一只老鼠。那是上帝给他的。上帝给谁的都不会太多。

作文技巧

线索明朗，一线到底 一只小老鼠贯穿全文，文章以它的名不见经传到名噪全球，解说了沃尔特·迪斯尼的奋斗历程，说明成功来源于生活，来源于不懈努力，来源于对生活的不断思考。

智慧心语

不用抱怨上帝给的太少，上帝给谁的都不会太多。成功的人都是抓住自己拥有的东西，充分发挥它们的作用而成功的。只要我们肯付出辛勤的汗水，坚持不懈地努力，早晚有一天，我们学到的东西会帮助我们走上成功之路。

我必须做英雄

佚名

困难是很好的催化剂，它能在某一时刻激发出我们前所未有的力量和勇气。面对困难，不要害怕也不要退缩，迎上去就能战胜它。

2002年的感恩节，对于檀咪·希尔来说，是个快乐的日子。她开车从家里出发，载着三个孩子——7岁的特杜斯、4岁的特芳妮和不到2岁的特里莎，去她的父母家吃晚饭。这其间只需半个小时的车程。

那天是个星期四，在开车回家的路上，檀咪接到了前夫阿丹斯——孩子们的父亲的电话。她把手机递给了儿子特杜斯。小男孩刚挂了电话，手机又响了。因为够不到儿子手上的手机，檀咪解开了安全带。可当她靠近儿子的手时，卡车却失控了。

"我开进路边的沟里，车子弹起了两次。"檀咪回忆道，"万幸的是，孩子们都在后面的车座上。我被甩出车窗，立刻不省人事。"

那个夜晚很黑，没有月亮，也没有星星。檀咪的孩子们的境况就在这几秒钟内改变了。他们待在一条死寂的马路边的一辆卡车里，车子的窗玻璃破了，风吹进来，几乎能把人冻死。他们看不到妈妈，也听不到妈妈的声音——她在离车几米远的地方失去了知觉。7岁的小特杜斯一下子成为这个家的家长。

"我们几乎不能动弹，因为被安全带绑着。"特杜斯回忆说，"我解开了安全带的扣子。我很害怕，但是看到两个惊慌的妹妹，我又不那么害怕了。"

　　特杜斯拉过毯子，给两个小妹妹盖上，告诉她们自己得出去求救。他从车窗里爬出来找妈妈，可是外面漆黑一团，什么也看不见。特杜斯向远处望了望，在离公路几里远的地方，他看到了奶牛场的灯光。

　　"天特别冷。"特杜斯说。那天的天气报道说结了冰，但是他仍然爬了出去。大约20分钟后，特杜斯来到奶牛场，在一所房子前面停下来，那是一所移民工人的房子。他们看到特杜斯，立刻意识到这个小男孩有苦衷。但他们都不会说英语，其中一个人立刻跑去找翻译。

　　那个工人很快带来了一个既会英语又会西班牙语的邻居。那个人马上拨打911，并带着特杜斯回到了事故现场。

　　彼得是第一个赶到现场的警察。"特杜斯太令人吃惊了。"他说，"经历了这样一场事故，他还能准确地告诉我他妹妹们的生日，和两三个亲戚的电话号码，真是令人难以置信。我知道他被吓坏了，因为他讲话的时候声音都是颤抖的，但他给了我所有需要的信息。"

　　救护车及时把檀咪送到医院，医生说如果晚来一刻钟的话，檀咪就可能有生命危险。檀咪一直昏迷了三天，当她苏醒过来后，全美国的报纸和电视台都对特杜斯在危急关头救了全家的事迹进行了报道。

　　美国一个著名的脱口秀节目把檀咪一家邀请了过去，女主人奥普拉·温弗莉特别采访了7岁的小男孩特杜斯，她问："听你妈妈说，平时你是很怕黑的，那天天气那么冷，妈妈又不见了，是什么力量让你跑了几里路找来救兵的？难道你不害怕吗？"小特杜斯脸红红的，略带腼腆地说："是的，我当时很害怕，可是我必须做英雄。妈妈不见了，我就应该是妹妹们的英雄，我必须救她们，救我们的妈妈。我希望我们一家人能够永远快快乐乐地生活在一起……"特杜斯的话一说完，现场响起了热烈的掌声，主持人也颇为激动地说："是的，当我们面对危险的时候，我们都应该做自己的英雄。"

作文技巧

实况报道法再现现场情景　全文采取新闻报道的方式来写，增加了文章的真实性与可信度，同时，也使小男孩英勇救家人的事迹读来更加感人。而小男孩的话则如画龙点睛，深化主题。

智慧心语

我们习惯了被父母保护，在父母家人面前，我们也习惯做弱者。而实际上，我们每个人都是强者，只是有时候在保护伞的遮盖下，我们忘记了自己也有足够的勇气和胆量来面对困难或厄运。让我们也试着做英雄吧，在困难面前不低头，在厄运面前不退缩，我们就是自己的英雄。

笑容不能浪费

安娜·戈德堡 [美国]

我们可以没有美丽的面容，但我们必须要有美丽的笑容。
笑容是最具传染力的武器，可以把一切坚冰打破。

第一天上班，我就遭到了一位叫凯妮的女同事的批评，她说我接电话的时候声音不够动听，还说我的脸上没有笑容。

第二天，我写的一篇不足500个单词的报告，居然被年轻的哈理主管挑出了10处错误。他很不客气的语言，让我感觉到自己在学校里所学的东西一无是处。晚上，我躲在单身公寓里，泪流满面。我可以不理凯妮，但我不能不理主管，因为他是我的主管。

第三天，我感到整个写字楼里的空气就像凝固似的沉重，特别是那一双双利箭般的目光射向我的时候，更是使我如芒在背。因为心里发慌，我在经过一位同事的身边时，不小心被她的桌角绊了一下，险些摔跤。顿时，所有的笑声就像蜜蜂一样向我飞来，蜇得我满脸通红。晚上，我又一次躲在单身公寓以泪洗面，我可以不理我的上司，但不能不理所有的同事啊！

在学校的时候，我就一直梦想着毕业后能穿上职业装，亭亭玉立地出入于高级写字楼。可是，现在当我进入了梦想中的空间后，似乎并没有想象中的优越感，有的只是让人发疯的挫败感。

我决定写一份辞职信，然后发E-mail给皮特经理。皮特经理是一位和善的人，也是公司的元老，他很快就给我回了信，但却只字没提我辞职的事。他居然约我晚上下班的时候去湖边散步。

我说："皮特经理，我不明白您的意思，我只想知道，我的辞职报告您给批了没有？"

皮特经理好像没有听到我的话一样，依然笑着说："你看，这傍晚的湖色多么美丽，如果此时你不在这里散步，你就浪费这美丽的晚霞；如果你不曾在早晨的湖边跑步，你就错过了湖边的朝阳。"

我若有所思地听着，抬头望去，果然看见了天边那一道道晚霞，如一幅优美的图画，也感受到了那些在这里散步的人们的幸福。

皮特经理又接着说："是的，那些美丽的景色需要人去欣赏，才不至于浪费。你长有一副美丽的面孔，如果不经常保持笑容，那也是一种浪费。"

什么？不笑，对面孔也是一种浪费？我还是第一次听人讲这么一个道理。

"您真幽默。"我用手摸了摸自己的脸蛋，不由自主地笑了。

皮特经理见我笑了，则笑得更开心了："这就对了，你看现在的你，多迷人，多有亲和力呀？这么漂亮的一张面孔，整天板在那里，不是浪费又是什么？同样的道理，公司给你提供的这个平台，需要你去好好利用才不至于浪费，人的生命也需要不断地去充实，才不至于浪费！"

从此，我再也没有提过辞职的事，而是每天面带微笑地上班，认真地做好分内的每一件事，竟然再也听不到凯妮的批评，听不到其他同事和哈理主管的批评了。10年后的今天，我已成了这家公司的副总裁，我依然时时提醒自己，利用好自己的一切优势，别让它浪费了。

作文技巧▶

出色的对话使文章流光溢彩 言为心声，语言最能表达一个人的内心，语言也常常是一篇文章最出色的地方。皮特经理的话就是文章精彩之处，不但让人绽开笑脸，也发人深省。

智慧心语▶

有时候，不是我们不富有，而是我们浪费了我们的财富。其实，青春、美貌、智慧、健康……以及我们某一方面的特长，甚至我们生活的环境都是我们拥有的无价财富。好好珍惜它们，发挥它们的作用，我们就会有别样美丽的人生。

一个低智商的孩子

F.奥斯勒 [美国]

成功的路有许多条，不用强去步人后尘，
懂得发现自己的特长并很好地利用，这才是人生最关键的一步。

加拿大少年琼尼·马汶的爸爸是木匠，妈妈是家庭主妇。这对夫妇节衣缩食，一点一点地存钱，因为他们准备送儿子上大学。

马汶读高二年级时，一天，学校聘请的一位心理学家对他说："琼尼，我看过了你各学科的成绩。你一直很用功，但进步不大。高中的课程看来你有点力不从心，再学下去，恐怕你就浪费时间了。"

孩子用双手捂住了脸："那样我爸爸妈妈会难过的。他们一直巴望我上大学。"心理学家用一只手抚摸着孩子的肩膀。"人们的才能各种各样，琼尼，"心理学家说，"工程师不识简谱，或者画家背不全九九表，这都是可能的。但每个人都有特长——你也不例外。终有一天，你会发现自己的特长。到那时，你就叫你爸爸妈妈骄傲了。"

马汶从此再没去上学。他开始替人整建园圃，修剪花草。说也奇怪，凡经他修剪的花草无不出奇的繁茂美丽。他常常替人出主意，帮助人们把门前那点有限的空隙因地制宜精心装点；他对颜色的搭配更是行家，经他布设的花圃无不令人赏心悦目。

也许这就是机遇或机缘：一天，他凑巧来到市政厅后面，更凑巧的是一位市政参议员就在他眼前不远处。马汶注意到有一块污泥浊水、满是垃圾的场地，便上前向参议员鲁莽地问道："先生，您是否能答应我把这个垃圾场改为花园？""市政厅缺这笔钱。"参议员说。"我不要钱，"马汶说，"只消允许我办就行。"参议员大为惊异，他从政以来，还不曾碰到过哪个人办事不要钱呢！他把这孩子带进了办公室。马汶步出市政厅大门时，满面春风：他有权清理这块被长期搁置的垃圾场地了。

当天下午，他拿了几样工具，带上种子、肥料来到目的地。一位热心的朋友给他送来一些树苗；一些相熟的顾主请他到自己的花圃剪用玫瑰插枝；有的则提供篱笆用料。消息传到本城一家最大的家具厂，厂主立刻表示要免费承做公园里的条椅。

不久，这块泥泞的污秽场地就变成了一个美丽的公园，绿茸茸的草坪，曲幽幽的小径，鸟儿在树上唱歌……全城的人都在谈论，说一个年轻人办了一件了不起的事，他们一致公认他是一个天生的风景园艺家。

如今的琼尼·马汶已经是全国知名的风景园艺家。他使渐已年迈的双亲感到了骄傲，这不仅是因为他在事业上取得了成就，更因为他能把人们的住处弄得无比舒适、漂亮。他工作到哪里，就把美带到哪里！

作文技巧 ▸

以实例论证智商不等于能力，也不决定一切　文章以琼尼·马汶的成功有力地证明了这一点，也告诉人们不要过分相信智商的高低，而要注重挖掘一个人的特长。

智慧心语 ▸

假如我们没有很高的智商，也不用气馁，因为在某一方面低于人，必定会在另一方面高于人。而成功没有固定的模式，每个成功的人所选择的方向，所坚持的道路都是不同的。只要我们能发挥自己的优势，找准自己的位置，就迈出了走向成功的第一步。

5 捕捉灵动的哲思

Chapter 135～153

生活本身是一部充满哲理的书，那里面蕴含着许多人生智慧。智慧是思想的灵魂，是生命的导航者，也是深埋于地下的带有灵性的根，只有深入思考，不断挖掘，我们才能领略到它。所以，生活中的每一件事都值得我们去思考，值得我们去品味琢磨，捕捉那其中的哲思，方能打造智慧的人生。

艾米没有赚到钱

佚名

做任何事情都要趁早动手，如果只坐地空想，那只有白白错过了良机。

　　艾米是一个可爱的小姑娘，可是她有一个坏习惯，那就是她每做一件事，都把时间花在不必要的准备工作上，而不是马上行动。

　　一天，水果店老板索顿先生对贫穷的艾米说："你想挣点钱吗？"

　　"当然想，"她回答，"我一直想买一双新鞋，可家里买不起。"

　　"好的，艾米。"索顿先生说，"格林家的牧场里有很多长势很好的黑草莓，他们允许所有人去摘。你去摘了以后把它们卖给我，1夸脱我给你13美分。"

　　艾米听到可以挣钱，非常高兴。于是她迅速跑回家，拿上一个篮子，准备马上就去摘草莓。这时，她不由自主地想到，能先算一下采5夸脱草莓可以挣多少钱比较好。于是她拿出一支笔和一块小木板，计算结果是65美分。

　　"要是能采12夸脱呢？"她计算着，"那我又能赚多少呢？"

　　"上帝啊！"她可以得出答案，"我能得到1美元56美分呢。"

　　艾米接着算下去，要是她采了50、100、200夸脱，索顿先生会给她多少钱。她将不少时间花费在这些计算上，一下子已经到了中午吃饭的时间，她只得下午再去采草莓了。艾米吃过午饭，急急忙忙地拿起篮子向牧场走去。而许多男孩子在午饭前就到了那儿，他们快把好的草莓都摘光了。可怜的小艾米最终只采到了1夸脱草莓。

回家的途中，艾米想起了老师的话："办事得趁早着手，干完后再想。因为一个实干者胜过一百个空想家。"

⬤作文技巧▸

以小见大是本文的长处 往往从一件小事上就能看出一个人的人品、一件事的成败或者一些人生哲理。作者选取采草莓这样一件小事，告诉人们做事要趁早的道理，生动而深刻。

⬤智慧心语▸

思想是行动的指导者，行动是思想的实践者。如果只有思想没有行动，那只是空想；而如果只有行动没有思想，那是盲动。所以，思想和行动配合起来，才会取得成功。并且，行动的关键在于速度，越快下手，越能取得成功的先机。

查理少了一个马掌

佚名

细节往往决定命运，如果你忽略它，它将给你惨痛的教训。
只有把小事做好，把细节做好，才能成就大事。

国王查理三世准备拼死一战了。里奇蒙德伯爵享利带领的军队正迎面扑来，这场战斗将决定谁统治英国。

战斗进行的当天早上，查理让一个马夫去备好自己最喜欢的战马。

"快点给它钉掌，"马夫对铁匠说，"国王希望骑着它打头阵。"

"你得等等，"铁匠回答，"我前几天给国王全军的马都钉了掌，现在我得找点儿铁片来。"

"我等不及了。"马夫不耐烦地叫道，"国王的敌人正在推进，我们必须在战场上迎击敌兵，有什么你就用什么吧。"

铁匠埋头干活，从一根铁条上弄下四个马掌，把它们砸平、整形，固定在马蹄上，然后开始钉钉子。钉了三个掌后，他发现没有钉子来钉第四个掌了。

"我需要一两个钉子，"他说，"得需要点儿时间砸出两个。"

"我告诉过你我等不及了，"马夫急切地说，"我听见军号在响，你能不能凑合？"

"我能把马掌钉上，但是不能像其他几个那么结实。"

"能不能挂住？"马夫问。

"应该能，"铁匠回答，"但我没把握。"

"好吧，就这样，"马夫叫道，"快点，要不然国王会怪罪到咱俩头上的。"

两军交上了锋，查理国王冲锋陷阵，鞭策士兵迎战敌人。"冲啊，冲啊！"他喊着，率领部队冲向敌阵。远远地，他看见战场另一头自己的几个士兵退却了。如果别人看见他们这样，也会后退的，所以查理策马扬鞭冲向那个缺口，召唤士兵调头战斗。

他还没走到一半，一只马掌掉了，战马跌翻在地，查理也被掀翻在地上。国王还没有抓住缰绳，惊恐的马就跳起来逃走了。查理环顾四周，他的士兵们纷纷转身撤退，敌人的军队包围了上来。他在空中挥舞宝剑，"马！"他喊道，"一匹马，我的国家倾覆就因为这一匹马。"

他没有马骑了，他的军队已经分崩离析，士兵们自顾不暇。不一会儿，敌军俘获了查理，战斗结束了。

所有的损失都是因为少了一个马掌。

作文技巧

埋设伏笔，顺理成章　马夫的一再催促、一再凑合为情节发展埋下伏笔，所以最终查理的惨痛失败虽有些出人意料，但更在情理之中，并且具有振聋发聩的作用。

智慧心语

千里之堤，溃于蚁穴。看起来坚固无比的铜墙铁壁，顷刻间全线崩塌，原因只是它有一个小洞。这失败不可谓不惨痛，这教训也不可谓不深刻。所以，做好每一件小事，考虑到每一个细节，是成就大事的基础。否则，其他的工作做得再漂亮，也有可能是功亏一篑。

吃西瓜的教授

张强 [中国]

最大的一块蛋糕不一定是最好的，吃多了它就吃不下别的东西，而且还有可能引起消化不良。

S君在全国著名的A大学攻读博士学位。因为他本人的勤奋好学、思维活跃，深受师长与同窗们的好评。他所参与的课题研究，尤其对国家在某技术领域的产业提升有相当重要的意义。此时，年轻的S君春风得意，对未来充满远大的抱负。

然而，一些困惑也随着鲜花与掌声迎面而来。S君在业余时间里获得的新技术专利获得了国外大财团的青睐。不仅如此，这家财团对S君在技术创新方面的卓越能力更感兴趣。于是，该财团开出优惠的条件，邀请S君以技术入股的方式，加入到他们在中国分公司的建立中。

两条路摆在S君面前：一条是继续默默无闻地在校园里辛苦钻研；另一条就是退学，一下子就从国外财团获得价值几百万的股份，在商潮中拼搏新的人生。

S君思前想后，却实在拿不定主意。

第二天早上，S君便前往拜访自己的受业恩师——Y教授。这个在别人眼中总有些古怪的老教授，办公室是在旧楼底层过道的最深处。不过，S君已经是熟门熟路了。他敲开门，礼貌地坐在教授对面。

教授两鬓斑白，还是当年的神采飞扬，这时就用极抑扬顿挫的声调为S君讲解了几个学术上的问题，S君在踌躇了一会儿后，趁机向老师倾诉了心中的疑惑。

老教授呵呵地笑了起来。

面对自己最钟爱的学生，他又一次感到身上的责任。沉思了一会儿，他手脚麻利地从茶几上端下三块大小不等的西瓜，放在S君面前。S君不怀好意地浅笑了一下，因为Y教授嗜吃西瓜，早已在学校里传出不少趣闻逸事。

Y教授说："今天不是请你吃西瓜，而是要考考你。"S君有些不知所措。

Y教授继续说："假如每块西瓜代表一定程度的利益，你选哪块？"S君几乎脱口而出："当然是最大的那块啊！"

Y教授随手将最大的那块递给了S君，自己却吃起了最小的那块。很快地，Y教授就吃完了，然后拿起桌上最后一块西瓜，得意地在S君面前晃了一晃，大口吃了起来。

S君恍然大悟。

此时，意犹未尽的Y教授对自己的学生说："很多时候，我们发现眼前的利益，就是最大最好的。不过等到我们把事情做完，才发现原来还要耗费那么多的时间和精力。想要成就更大事业的人，必须要有更远大的眼光，要学会放弃。因为只有放弃眼前的蝇头小利，才能获得长远的大利。"

S君迎着早上和煦的阳光站起来，向老教授深深地鞠了一躬。老教授则轻轻地仰过头，笑吟吟地看着自己最得意的学生。

作文技巧

借物言志，曲径通幽 老教授没有直接就学生的困惑发表看法，而是先吃西瓜，不免让人一头雾水，但西瓜吃完了却豁然开朗，说理也便更加透彻生动，令人叹服。

智慧心语

在漫漫的人生路上，我们会遇到许多十字路口，也面临许多抉择和许多取舍。这其中最重要的是要首先选定自己的人生方向，并坚守这个方向，才不会被其他的诱惑所迷惑。所以，我们要学会放弃那些与我们理想相悖的东西，放弃是为了更好地拥有，因为我们的口袋只够装最重要的东西。

大海与床

佚名

> 生命的美丽在于拼搏和接受挑战，只要选定方向就坚持下去，
> 不管成败，也不管生死，这才是精彩的人生。

在英国沿海有一个渔村，村里的许多渔民世代都居住在那里。每天傍晚，当天空放射出万道霞光的时候，渔民们就扬帆出海。他们终年辛勤劳动，有时，为了让附近村镇上的居民能吃上鱼，他们常常要冒着生命危险去深海里捕鱼。

当他们到远海去开辟新的渔场时，一些船不免会触礁沉没，船上的人也会因此送命。有时海上掀起狂风恶浪，也会使一些渔船葬身海底。每当有渔民遇难时，那些小茅屋里就会传来撕裂人心的哭声，十分悲惨。浩瀚的大海虽然随时都会夺走他们的生命，但是，对渔民来说，大海仍然有着巨大的吸引力。不管有多大的危险，他们总是照常下海捕鱼。

有一天，出海归来的渔民来到瑟尔德家，对他母亲说，瑟尔德父亲的船被海浪吞没，他遇难了。他们想尽办法，终于把他的船弄了回来。

父亲死了，瑟尔德和母亲悲痛欲绝，哭了很长时间。但第二天，瑟尔德就把船交给修船人，不到一个星期，他们就把船修好了。

晚上，瑟尔德到市场去买网，碰到了地主的儿子。瑟尔德同他的关系很不错，只要碰到他，总要攀谈一会儿。这时，地主的儿子问道："怎么，你又买网了？"

"是的，明天我将驾着已修好的船去捕鱼，你去吗？"瑟尔德问。

"什么？出海？不去，我害怕。"

"害怕？有什么可怕的？"

"当然是怕大海，我听说，你父亲上星期淹死了。"

"是啊，可那又怎么样？"

"你不害怕吗？"

"有什么好怕的呢？我是渔民的儿子，渔民是不怕大海的。"

"现在请你告诉我，你祖父是干什么工作的？"

"他也是渔民。"

"那他是怎么死的呢？"

"他出海捕鱼，遇上了狂风恶浪，就再也没有回来。"

"你曾祖父呢？"地主的儿子惊奇地问道。

"也死在海里了。他更敢于冒险，因为他驾着船绕过英吉利海峡，到地中海东海岸去采珍珠。结果他潜入水里，就再也没有上来。"

"奇怪，你们是怎么回事？一个个都死在海里，却还要下海捕鱼。"地主的儿子惊叹不已。

现在该瑟尔德问地主的儿子了。只见他搔了搔头，问道："我听说你父亲也去世了，他死在哪里？"

"他是在家里睡觉时死去的，他年纪已经很大了。当仆人去叫他起床时，发现他已经断气了。"

"你祖父呢？"

"他也活了很大一把年纪，最后病死在家里的床上。"

"那你的曾祖父呢？"

"我听说，他卧床很久，也是死在家里的。"

"我的老天爷！他们都死在家里的床上，可你现在还住在那个家里，每天还睡在床上，难道你不害怕吗？"

地主的儿子被问得张口结舌，无言以对。

作文技巧

鲜明的对比使文章意味深远 两个家族，两种不同的死法，也是两种不同的人生。前一种常常生死难卜，但却活得精彩；后一种虽然长寿，但却平庸度日。道理在这二者的对比中不言自明。

智慧心语

生命在于运动，在于不断地拼搏，也许在拼搏中会遇到许多困难，甚至会面临生死的考验，但那都是生命应有的华章。如果你放弃拼搏，选择安逸，那你的生命也失去一些精彩，甚至不值一提。

都没有的知识

张小失 [中国]

看似简单的事情也许包含着更深层的含意，如果你过于自信而忽视它，那你有可能忽略许多重要的人生要义。

"世界很复杂，充满变数。"中文教授说，"包括那些看似简单的事物。"

马上就要毕业了，大学生们心情浮躁，来上课的人并不多，而且似乎都心不在焉。

　　"在大家信心十足，跃跃欲试的时候，我想给一点提醒。"教授敲了敲讲台。今天，他两手空空，没有带书和讲义。"因为，大家未必识庐山之真面目，所以，过于自信有时会导致自闭。"

　　这句话分量有点重，学生们开始注意教授。黑板上，教授写下"中学到大学"几个字，问："知道它的意思吗？"学生们笑了，没有人回答，可能是不屑于回答。教授说："的确太简单了。"然后，他转身添加"都没有的知识"几个字，问："知道这句话的意思吗？谁来念一下？"学生们仍然在笑，没有人愿意站起来当"小学生"。

　　教授只好自己念："中学到大学都没有的知识。"然后，他解释："是的，你们的学历值得很多人羡慕，但是，学历与学问几乎是两个概念，后者的内涵实在太广阔了……"学生们又开始聊天，交头接耳：谁谁将分进党政机关，谁谁应聘于某某大企业，谁谁准备去南方……

　　教授忽然提高嗓门："一个小小的因素，就可能导致全局震荡！"学生们一惊，抬头。教授见大家注意力集中了，笑眯眯地在那句话前加了一个字"从"。台下有学生轻声念："从中学到大学都没有的知识。"教授立即指着他："这位同学，请你读出这句话，注意断句。"

　　学生站起来，挠挠头，有点不好意思，念道："从中学／到大学／都没有的／知识。"其他同学呵呵笑。教授问："难道他念得不对？"学生们仍然呵呵笑，兴致盎然且轻松。

　　教授环顾四周，见没有人答话，叹了口气，扔掉粉笔："唉，思维定势了，不利于面对充满变数的世界。"这时有个同学反问："难道他念得不对？"教授断然回答："只对一半！"台下的人再次提起精神，盯住教授。教授开始念："从中／学到／大学都没有的／知识！"

　　台下一片安静。教授得意地诡秘一笑，走下讲台："诸位，很抱歉！作为一名中文教授，我竟然在与各位道别的时刻玩了一次小学生的文字游戏——不过，我用心良苦，因为你们即将面对的社会的确充满了——从中学／到大学／都没有的／知识，而你们又必须——从中／学到／大学都没有的／知识。"

台下的学生们纷纷起立，向敬爱的老师报以热烈的掌声。

作文技巧

平中见奇，耐人寻味 看似简单的一句话却包含着更深的道理，这不得不令人称奇，也让人明白：人不能过于自信，应将目光再放大一些，才能把事情看得更透彻。

智慧心语

世界有时候很简单，有时候也很复杂，即使你学富五车，也仍然有你没有学到的知识和没有懂得的道理。所以，任何时候都要虚心求教，不可盲目自大。另外，对于复杂的世界，我们还要学会从多角度看问题，目光放宽放远，世界才会更大。

鹅卵石

佚名

在生活中，一定要分清主次，不被琐碎、无聊和平庸所束缚，
才能腾出时间做更重要的事情。

在一次哲学课上，皮特教授在桌子上放了一个罐子，然后又从桌子下面拿出一些正好可以从罐口放进罐子里的鹅卵石。当皮特把石块

全部放进去以后，他问他的学生："你们说这罐子是不是满的？"

"是！"所有的学生异口同声地回答。

"真的吗？"皮特又问。然后他再从桌子下面拿出一袋碎石子，把它们从罐口倒下去，摇一摇，再加一些，然后又问："你们说，这罐子现在是不是满的？"这回他的学生不敢回答得太快，最后有个孩子怯生生地回答："也许没满。"

"很好！"皮特说完后，又从桌子下面拿出一袋沙子，慢慢地倒进罐子里。倒完后，他又问大家："现在请你们告诉我，这个罐子是满的呢，还是没有满？"

"没有满。"全班同学这下学乖了，大家都很有信心地回答。

"好极了！"皮特再一次称赞他的学生们。然后，他又从桌子下面拿出一大瓶水，把它倒进了看起来已经被鹅卵石、小碎石、沙子填满了的罐子里。

同学们看着皮特这一系列奇怪的举动，都感到莫名其妙，不知道他在干什么。把水倒完以后，皮特问他的学生："你们从这件事中得到了什么启示呢？"

一阵沉默之后，一个学生回答："无论我们的工作有多忙，行程排得有多满，如果挤一下的话，还是可以多做些事的。"

皮特听了以后点了点头，微笑着说："不错，但这还不完全正确。另外，这不是我要告诉你们的信息。"皮特停了一下，继续说："我想告诉大家的最重要的信息是，如果你不先将大的'鹅卵石'放进罐子里，也许你以后就没有机会再把它们放进去了。"

什么是我们生活中最重要的？什么是我们生命的"罐子"里最应该承载的？在有限的生命里，我们常常将一些琐碎、无聊、平庸的东西携带，而忽略了一些最有价值的东西，例如理想、追求、情感……当有朝一日清醒过来的时候，我们却发现，生命的"罐子"已经被不那么重要的东西填满，而最大、最重要的"鹅卵石"早已无法"装进"……

作文技巧

笔锋突转，出奇制胜 情节顺势发展至文末，突然笔锋一转，说出另一个令人意想不到的结论：人生最重要的是把"鹅卵石"先放进罐子里。震撼人心，也耐人寻味。

智慧心语

> 生活中，我们常把过多的精力放在做一些无关紧要的小事上，而待岁月蹉跎后，才蓦然发现，原来还有许多重要的事情等着我们去做，但已经没有了机会。人生的路不短也不长，需要我们把宝贵的时间和精力都用到好处，这样等我们老了之后，才会看到我们的背囊里装的都是沉甸甸的果实。

感谢打翻你的人

王简 [中国]

有时，生路从绝境而生。当生命被逼到绝路上时，反而会爆发出前所未有的生命强力，这叫置之死地而后生。

这年夏天，我到一个小岛上写生。这座沙岛是个自然保护区，每年都会有一种稀有的大海龟上岛产卵。一天夜里退潮后，我看到一只体形庞大的海龟爬上沙滩，在沙地上锲而不舍地挖洞，准备产卵用。我不忍打扰海龟妈妈，从小路悄悄离去。

第二天，我回到昨晚大海龟产卵的地方，她已经把藏着海龟蛋的沙洞盖起来了，地上只剩下一个小小的沙堆，旁边还有条宽且深的痕迹，显然是海龟妈妈的"脚印"。奇怪的是，她的足迹伸向内陆，而不是返回大海。糟糕，是疲劳过度的大海龟搞错了方向，越走离家就越远。

虽然还是早晨，沙滩在阳光的照射下，已经变得滚烫，海龟妈妈随时会被烤死。跟着她的足迹，我终于在50米远的沙丘上找到了大海龟。她的头和四肢被厚厚一层干裂的沙土包裹着，已经奄奄一息。我赶紧把水壶里的水倒在她身上，用力向海滩推去，但海龟妈妈纹丝不动，我用手机向海岛管理员求救。

不到两分钟，一辆吉普车飞驰而至。身穿制服的小伙子从车上跳了下来，二话没说，猛地把大海龟翻了个四脚朝天，用锁链一头锁住她的前肢，一头挂在车尾。正在我目瞪口呆的时候，管理员跑回驾驶室，吉普车拖着海龟妈妈向海边开去。车轮带起的沙子都快把她淹没了。我又惊又气，跟在汽车后飞奔，大声叫着："停下，停下，你会杀了她！"管理员头也不回，一直把车开到海水边。他这才给海龟妈妈松了绑，帮她重新翻过身来。可大海龟一动不动，任凭海水拍打着她的铠甲。我想她一定是被折磨死了，心里悲愤交加，正待发作，突然看见管理员目不转睛地盯着海龟妈妈。

清凉的海水一下接一下地冲刷着大海龟，她身上的沙土不见了，露出光亮的皮肤。一个大浪打来，海龟妈妈谨慎地探出头，小心翼翼地动了动前腿。又是一个巨浪，大海龟憋足了劲儿，四肢用力，缓慢地把身体推向前方，直到全身浸在水里。笨重的她突然变得优雅自如，迅速向海洋深处游去。

望着海龟妈妈的身影消失在一片蔚蓝中，我听见身后的管理员说："你的生活彻底翻个儿，你被套上枷锁，你灰头土脸并吃尽苦头，这些都不一定是坏事。有时候，那是拯救你的唯一办法。"

作文技巧

托物言志，画龙点睛 文章虽是在讲大海龟的故事，而实际却是借大海龟讲一个人生哲理，文末管理员的话则犹如画龙点睛，点明主题，令人叹服。

智慧心语

的确，非置之死地，而不能重生；非退回原地，而不能重整旗鼓，卷土重来。生命有时需要一些极限的考验，退到绝地，才会激发出生命最强大的力量，背水一战。所以，生活中要感谢那些将我们打翻在地、踩在脚下的人，因为他们，我们才能迸发出生命潜藏的力量，才能真正体会到生命的意义。

课堂上的口哨

安勇［中国］

勇敢的定义有很多种，勇敢的行为也有很多种，
但有时候我们忽略了一种勇敢，那叫拒绝。

老师的一条腿有毛病，走起路来一起一伏的。为此，同学们私下里都叫他鱼漂。有一天，老师在课堂上布置了一道分组讨论题："什么是勇敢？"大家的发言都很积极，有人说勇敢就是见义勇为；有人

说勇敢就是视死如归；还有人说勇敢就是知错能改……

大家七嘴八舌，各执己见，老师在教室里走来走去，不时听听同学们的发言。这时，教室里突然响起了一个极不协调的声音，声音虽然不大，但却特别刺耳，毫无疑问，是有人胆大包天吹了一声口哨。

教室里突然之间一片沉寂。老师三步两步走上讲台，阴沉着脸把所有的人看了一遍，声色俱厉地说："刚才的口哨是谁吹的？"教室里无人应声。老师怒不可止，提高了声音怒吼："我再问一遍，口哨是谁吹的？"还是无人应声。老师用教鞭"啪啪"地抽打着讲台，喝令全体同学从座位上站起来，说："如果没人敢承认，你们就一直站下去！"不一会儿，教室里传出几个女同学的哭声。有一个男同学忍不住喊了一声："口哨是我吹的，和别的同学无关。"他的话音刚落，又有一个同学大声说："口哨是我吹的。"接着又有两个人说了同样的话。

老师看了同学们一眼，语气缓和了一些说："四个人都吹了口哨，很显然是不可能的事，同学们都请坐，我给你们讲一个故事。十几年前，有一个刚从学校毕业不久的年轻老师，参加工作不久就被人强加了一个莫须有的罪名，他们日夜审问逼他承认。这个年轻人非常倔强，始终咬定他没犯那样的错误。最后他的一条腿被打折了，落下了终身的残疾。"同学们面面相觑，搞不清老师为什么要讲这么一件事。

老师平静地看了看同学们接着说："你们说的没错，视死如归，勇于认错，见义勇为，泰山崩于前而面不改色，这些都是勇敢。但还有另一种勇敢，这就是拒绝。不是自己做的事情，不管压力多大都不承认，这同样是一种勇敢。我知道刚才你们谁都没有吹口哨，你们谁都没有错，因为口哨是我吹的。"下课时，同学们看着老师一起一伏走出教室的背影，突然明白了，他就是当年被打断腿的年轻老师。

作文技巧

制造紧张气氛，扣人心弦 文中老师一连串的"质问"使文章紧张气氛陡增，也使读者的心弦绷紧，继而气氛缓和，引出故事，也引出文章要阐述的道理，老师的背影更是留有余地，让人回味思索。

智慧心语

　　人生处处都存在哲理，我们以为我们知道了很多，但实际上，我们不知道的还有更多。认真对待生活中的每一件事，不盲目自大，不轻视旁人，我们才会从生活中懂得更多的人生道理。顶住压力，学会拒绝是一种勇敢，同样，承认自己的无知，虚心求学，也是一种勇敢。

狼与狗

拉·封丹 [法国]

　　衣食无忧固然是好事，但如果以自由和做人的尊严来交换，
　　　　那么，这种摇尾乞怜的温饱则是可悲的。

　　一只骨瘦如柴的狼，因狗总是跟它过不去，好久没有找到吃的。

　　这天，它遇到了一只高大威猛但正巧迷了路的狗，狼真恨不得扑上去把它撕成碎片，但又寻思自己不是对手。于是狼满脸堆笑，向狗讨教生活之道，话中充满了恭维之词。

　　狗神气地说："师傅领进门，修行靠个人。你要想过我这样的生活，就必须离开森林。你瞧瞧你那些同伴，都像你一样脏兮兮的饿

死鬼一样，生活没有一点保障，为了一口吃的都要与别人拼命。学我吧，包你不愁吃和喝。"

"那我可以做些什么呢？"狼疑惑地眨巴着眼问。"你什么都不用做，只要摇尾乞怜，讨好主人，把讨吃要饭的人追咬得远远的，你就可以享用美味的残羹剩饭，还能够得到主人的许多额外奖赏。"

狼沉浸在这种幸福的体会中，不觉眼圈都有些湿润了，于是它跟着狗兴冲冲地上了路。路上，狼发现狗脖子上有一圈皮上没有毛，就纳闷地问："这是怎么弄的？"

"没有什么！""真的没有什么？"狗搪塞地说："小事一桩。"狼停下脚步："到底是怎么回事？你给我说说。""很可能是拴我的皮圈把脖子上的毛磨掉了。""怎么！难道你是被主人拴着生活的，没有一点自由了吗？"狼惊讶地问。"只要生活好，拴不拴又有什么关系呢？""这还没有关系？不自由，不如死。吃你这种饭，给我开一座金矿我也不干。" 说罢这话，饿狼扭头便跑了。

作文技巧

对比鲜明，寓意深远 狼与狗的对话，是一场关于自由和尊严的对话，也是两种选取不同生存方式的人的对话。从这鲜明的对比中，我们可看到狼的骨气，也可看到自由与尊严的可贵。

智慧心语

　　贫穷并不可怕，饥饿也能忍受，但自由和尊严却不能失去。没有自由，那是奴隶；没有尊严，那是奴隶中的奴隶。所以，在任何时候，我们都要争取生活的自由；在任何时候，我们都要挺起做人的脊梁，这是做人的基本要求。

图书在版编目（CIP）数据

智慧文库. 6，捕捉灵动的哲思／龚勋主编. —汕
头：汕头大学出版社，2012.1（2021.6重印）
ISBN 978-7-5658-0533-2

Ⅰ．①智… Ⅱ．①龚… Ⅲ．①世界文学－作品综合集
Ⅳ．①I11

中国版本图书馆CIP数据核字（2012）第008810号

| 智慧文库 | 6

捕捉灵动的哲思

ZHIHUI WENKU 6 BUZHUO LINGDONG DE ZHESI

总 策 划	邢 涛	印 刷	唐山楠萍印务有限公司
主 编	龚 勋	开 本	705mm×960mm 1/16
责任编辑	胡开祥	印 张	10
责任技编	黄东生	字 数	150千字
出版发行	汕头大学出版社	版 次	2012年1月第1版
	广东省汕头市大学路243号	印 次	2021年6月第7次印刷
	汕头大学校园内	定 价	34.00元
邮政编码	515063	书 号	ISBN 978-7-5658-0533-2
电 话	0754-82904613		